华中科技大学
国家治理研究院

中国特色新型智库建设这十年
——回顾、反思与展望
（2013—2023）

欧阳康　杜志章　编著

华中科技大学出版社
http://press.hust.edu.cn
中国·武汉

内 容 提 要

本书以习近平同志为核心的党中央立足新时代党和国家事业发展全局建设中国特色新型智库，着眼改革发展聚智聚力的总体要求而作出的重大决策，特别是进入新时代以来，习近平总书记就加强中国特色新型智库建设作出系列重要指示、发表系列重要论述，指引中国特色新型智库茁壮成长为重大背景，以当前中国特色新型智库建设已步入高质量发展新阶段，亟待发挥优势、补足短板，为党和国家事业发挥巨大作用为主旨，系统梳理中国特色新型智库建设的主要成就、中国特色新型智库建设存在的不足与中国特色新型智库建设的未来展望。

图书在版编目(CIP)数据

中国特色新型智库建设这十年：回顾、反思与展望：2013-2023 / 欧阳康，杜志章编著. 武汉：华中科技大学出版社，2024.8. -- ISBN 978-7-5772-1035-3

Ⅰ. C932.82

中国国家版本馆 CIP 数据核字第 20246X4F52 号

中国特色新型智库建设这十年
——回顾、反思与展望（2013—2023）

欧阳康　杜志章　编著

Zhongguo Tese Xinxing Zhiku Jianshe zhe Shinian
——Huigu、Fansi yu Zhanwang（2013—2023）

策划编辑：周晓方　杨　玲	
责任编辑：林珍珍	
封面设计：原色设计	
责任监印：周治超	
出版发行：华中科技大学出版社（中国·武汉）	电话：(027) 81321913
武汉市东湖新技术开发区华工科技园	邮编：430223
录　　排：华中科技大学出版社美编室	
印　　刷：湖北恒泰印务有限公司	
开　　本：710mm×1000mm　1/16	
印　　张：9　插页：3	
字　　数：118 千字	
版　　次：2024 年 8 月第 1 版第 1 次印刷	
定　　价：58.00 元	

本书若有印装质量问题，请向出版社营销中心调换
全国免费服务热线：400-6679-118　　竭诚为您服务
版权所有　侵权必究

哲学博士，华中科技大学原党委副书记，华中科技大学国家治理研究院院长，哲学研究所所长，哲学学院二级教授，教育部"长江特岗学者"，中共中央组织部第四批国家"万人计划"教学名师，"华中学者领军岗"教授。第六届和第七届国务院学位委员会马克思主义理论学科评议组成员，国家社会科学基金评审专家，教育部社会科学委员会委员，教育部社会科学委员会学风建设委员会副主任，国际哲学家协会常务理事，国际政治学会发展与政策研究会副会长，中国辩证唯物主义研究会副会长、社会认识论专业委员会会长，中共湖北省委决策支持顾问，湖北省人民政府咨询委员，第十一届湖北省政协委员，湖北省政协人民理论研究会副会长、湖北省政策研究会副会长等。主要从事马克思主义哲学、社会认识论、国家治理、高等教育学等研究。出版了《社会认识论导论》《哲学研究方法论》《马克思主义认识论研究》等著作数十部；在《中国社会科学》《哲学研究》《国家治理》等国内外刊物发表中英文学术论文400多篇；获国家、教育部、湖北省科研成果奖20余次；主持国家社会科学基金重大项目"大数据驱动地方治理现代化综合研究"和教育部哲学社会科学研究重大课题攻关项目"马克思主义与中华民族共有精神家园建设""推进国家治理体系和治理能力现代化若干重大理论问题研究"等国家级、省部级重大研究课题和国际合作研究项目数十项；出国出境开展学术交流与合作研究数十次。教育部首批虚拟教研室建设试点单位华中科技大学社会认识论人才培养模式改革虚拟教研室主任，主讲的课程"哲学导论"入选国家级精品视频公开课，"人文社会科学哲学"入选国家级精品资源共享课，"哲学、文化与人生智慧"入选首批国家级一流本科课程（线上）等。

历史学博士，华中科技大学马克思主义学院教授、博士生导师，"中国马克思主义与当代"课程中心主任。华中科技大学人文社会科学处副处长、华中智库副院长、国家治理研究院副院长。中国社会治理研究会会员、湖北政策研究会会员。中共湖北省委讲师团成员、中共武汉市委讲师团成员。2015年7月获华中科技大学教学质量一等奖，2015年8月入选湖北省宣传文化人才培养工程"七个一百"项目人员（哲学社会科学类），2016年8月入选湖北省教育厅"全省高等学校马克思主义中青年理论家培育计划"（第四批），2016年11月获第十届湖北省社会科学优秀成果二等奖（本人排名第二），2023年12月获湖北省第二届全省高校思想政治理论课教学竞赛特等奖。研究方向是中国化马克思主义、国家治理理论与实践。主持国家社会科学基金项目"中国特色社会主义语境下国家治理综合评估指标体系研究"、教育部社会科学基金项目"当代中国马克思主义大众化的效果及影响因素调查研究"等国家级、省部级项目10余项，出版著作5部，发表学术论文60余篇。

目 录

第一部分　研究报告　001

中国特色新型智库建设十年的回顾、反思与展望　003

第二部分　中国自主知识体系构建与新时代智库使命　045

新时代智库使命　047

社会复杂性、智库使命与咨政智慧
——新时代国家治理现代化与智库建设的多维思考　049

055　该是中国智库扬帆启航时

058　高水平对外开放视域下的智库角色

061　**中国自主知识体系构建**

063　中国自主知识体系构建与智库使命

066　新时代智库必须自觉担当构建中国自主知识体系的历史使命

069　当前我国自主知识体系构建的时代呼唤、资源选择与价值取向

073　论智库与决策层的良性互动

078　新时代国际关系与新型智库使命

081　**高校智库建设**

083　推进新时代中国式智库现代化建设的思考

092　新时代智库的实践探索与未来面向

095　以具有经验质感的理论研究服务学科建设和国家治理

098　中国特色新型高校智库实体化建设探索

104　使命与路径：高校新型智库建设的探索与思考

106　高校智库如何打造金字招牌

109　**地方智库建设**

111　新时代县域治理智库的使命与担当

115　加强地方智库国际交流的有效途径

第三部分　十年大事记　119

中国特色新型智库建设十年大事记（2013—2023）　121

参考文献　129

后记　138

第一部分

研究报告

智库是国家治理体系和治理能力现代化的重要内容。智库的发展水平在很大程度上影响着一个国家的思想理论水平及国际话语权。中国特色新型智库建设在国家发展中的战略地位日益凸显。科学把握中国特色新型智库的历史发展逻辑、建设状况，深入分析其建设过程中存在的不足与困境，对加快形成中国特色新型智库建设的理论自觉、建设中国特色新型智库、推进国家治理体系和治理能力现代化具有重要意义。本研究结合中国特色新型智库发展实践经验、既往研究成果和文献资料，深入介绍中国特色新型智库建设的历史源流，并在此基础上详细阐述中国特色新型智库建设的主要成就，剖析其在建设过程中存在的不足及其成因，并有针对性地提出关于中国特色新型智库建设的十条建议，以期为建设中国特色新型智库，推进国家治理体系和治理能力现代化提供智力支持。

中国特色新型智库建设十年的回顾、反思与展望①

智库是思想理论的容器,是国家治理体系和治理能力现代化的重要内容,智库建设的成效关系到国家软实力的强弱。党的十八大以来,以习近平同志为核心的党中央高度重视中国特色新型智库建设。2013年4月,习近平总书记对建设中国特色新型智库作出重要批示。2013年11月,党的十八届三中全会通过《中共中央关于全面深化改革若干重大问题的决定》,提出"加强中国特色新型智库建设"的任务。2015年1月,中共中央办公厅、国务院办公厅印发了《关于加强中国特色新型智库建设的意见》。2022年4月,中共中央办公厅印发《国家"十四五"时期哲学社会科学发展规划》,提出着力打造一批具有重要决策影响力、社会影响力、国际影响力的新型智库。②2022年8月,中共中央办公厅、国务院办公厅印发《"十四五"文化发展规划》,强调建设中国特色、中国风格、中国气派的哲学社会科学,深入推进中国特色新型智库建设③。这些文件为中国特色新型智库建设的使命定位、发展走向、总体格局和发展理念指明了方向。

---

① 杜志章,程聪瑞,王媛媛,等.中国特色新型智库建设这十年[J].决策与信息,2024(6):14-33.

② 全国哲学社会科学工作办公室负责人就《国家"十四五"时期哲学社会科学发展规划》答记者问[N].光明日报,2022-04-28(3).

③ 中办国办印发《"十四五"文化发展规划》[N].人民日报,2022-08-17(1).

十年间，中国特色新型智库建设已经取得巨大进展，充分展现了基础雄厚、发展速度加快、数量类型增多、成果质量攀升等现实特征。然而，相较于西方发达国家，中国特色新型智库建设起步较晚，质量参差不齐，还有很大的进步空间。

因此，在新时代背景下，积极探索和回答如何构建有中国特色的新型智库，是一个具有重大理论和实践意义的课题。从理论意义上讲，深刻掌握中国特色新型智库建设的历史逻辑，全面回顾中国特色新型智库建设十年的主要成就，剖析其在建设进程中存在的不足、困境及成因，有利于加快形成中国特色新型智库建设的理论自觉，深化中国特色新型智库的理论研究。从实践意义上讲，在分析国内外智库建设经验的基础上，结合国情，提出有针对性的对策建议，对于推动中国特色新型智库建设具有现实意义，同时有利于为党和政府科学、民主、依法决策提供重要的智力支撑，是增强国家软实力、推进国家治理体系和治理能力现代化的重要组成部分。

一、中国特色新型智库建设的主要成就

当今世界，智库发展水平是一个国家软实力和竞争力的重要标志。建设中国特色新型智库，是推动科学民主依法决策、推进国家治理体系和治理能力现代化、推动经济社会高质量发展、提升国家软实力的重要支撑。"中国特色"就是要坚持中国道路、立足中国国情、讲好中国故事、服务中国发展；"新型"就是要有新定位、新机制和新模式。党的十八大以来，以习近平同志为核心的党中央把智库工作提升到关乎党和国家长远发展战略全局的高度，提出加快推进中国特色新型智库建设。十年来，中国特色新型智库事业蓬勃发展，体制机制不断创新，功能作用得到有效发挥，逐

步形成了以国家高端智库为引领,各级各类智库相互支撑、协调共进的中国特色新型智库体系。

(一)中国特色新型智库的外延不断拓展

1. 对"中国特色"的理解

中国特色新型智库的"中国特色"表现在以下几点。

其一,智库建立与政府部门的良性互动关系。国外大部分智库独立于政府部门之外,智库的研究成果通常会采取商品化的形式向政府提供,政府会基于需求的考虑决定是否购买智库的研究成果。而国内智库与政府部门的良性互动关系,体现在大多数智库已经与政府部门建立了直接或者间接的联系,这是中国智库的特色。相较于国外的智库,国内智库的沟通渠道更加畅通,也更加直接,对决策者的需求把握更加准确,决策咨询的成果也更具针对性,从而提高了智库咨询的质量和效率。

其二,智库对国家战略起支撑作用。中国特色社会主义进入新时代后,我国面临的国内外问题更加纷繁复杂,脱贫攻坚、粤港澳大湾区建设、区域协同发展等一系列国家重大战略和构想的实施为智库发挥作用提供了机遇。智库研究紧扣时代脉搏和国家战略,开展具有前瞻性、针对性、储备性的政策研究,这是智库保持活力的关键;同时,智库研究成果能对重大关键问题提供有效的支撑,也是智库提升影响力和公信力的基础。

其三,智库增强对公众传播的影响力。国内智库为政府及其决策提供服务,有些研究成果在政府决策层面已经产生了一定的效果,但也有很多成果被束之高阁。要提高新闻舆论的传播力、引导力、影响力、公信力,就要求智库在服务政府决策之外,充分发挥智库研究成果塑造媒体、影响公众的作用,尤其是依靠新媒体平台以及传统媒体渠道的建设,依据客观、准确、翔实的研究分析，为媒体和公众对重大问题的理解提供更加理性的参考，甚至在国际舆论上实现中国智库声音主导。

其四，智库服务社会公众需求。国内智库在服务政府决策咨询的同时，受职能定位和业务拓展的影响，在服务社会公众上也是关键一环，并发挥着承上启下的重要作用。智库为公众提供国家重大战略方针政策的解读，并辅助政策落实，为公众理解政策、享受政策福利提供更加便捷的通道；针对公众关心的国内外社会经济热点问题进行解读，并起到积极的舆论导向作用；对关系国计民生的前沿战略问题，提前布局开展研究，进行综合研判，给出发展方向的对策建议。

其五，智库开展国际交流与合作。随着中国国际交往层次的深入和国际影响力的不断提升，"一带一路"、人类命运共同体等一系列倡议或构想的实施，对智库在国际交往平台中发挥作用提出了挑战。《全球智库报告2020》显示，中国多家智库入选国防和国家安全研究、国内经济政策研究等不同领域的全球最佳，中国智库的国际影响力和知名度都在逐步提升。中国社会科学院、国务院发展研究中心等八家中国智库连续三年入选全球百强智库榜单。

2.对"新型智库"的理解

中国特色新型智库的"新"表现在以下几点。

其一，智库建设方式更加灵活。传统智库主要依托政府部门、高校及科研院所来建设。为了更好地适应时代发展的需要，智库建设的方式越来越灵活。一方面，互联网平台建设和智库建设呈现相互融合、相互交叉的趋势，一些互联网内容提供商、移动互联App、电子商务企业基于已有资源进行整合，开始向某一专业领域的智库发展。它们利用现代信息技术，广泛收集、科学分析互联网平台的数据信息，建立起"用数据说话、用数据决策、用数据管理、用数据创新"的有效机制，推动了咨询服务的智能化和现代化。另一方面，一些传统的智库开始利用互联网平台聚集更多的智库资源并提升自身的影响力。

其二，智库成果形式更加多样。传统智库成果以文字报告的形式为主，因为服务对象单一，对成果的基本形式要求也是固定的。但在互联网普及的背景下，智库成果的受众类型更加多样，这要求智库成果在受众群体分散化的情况下，在将同样的研究成果提供给政府决策者、自媒体平台、社会化信息平台以及传统报纸杂志时，能够充分利用编辑工具对信息进行整理和提炼，并以不同的形式呈现，以提高智库成果的可读性和可接受性。

其三，智库服务对象更加广泛。传统智库以服务上级政府决策为主，但是随着全球经济、社会发展形势日趋复杂，经济、科技革命带来了更多的问题与机遇，影响企业发展和政府决策的因素越来越复杂多样且相互交织。互联网在带动资讯传播更加迅速的同时，也产生了一些问题，如资讯内容的不真实、资讯内容的时间混淆等。这些问题与机遇促使各级政府部门、企业、平台、机构等更多类型的社会主体通过智库寻求客观、准确、即时的咨询服务。

其四，智库研究方法更加先进。智库研究以面向经济社会发展的实际需求为导向，研究方法通常有案例研究法、统计分析法、调查问卷法、深度访谈法等，同时以哲学社会科学的研究方法和工具为基础，因此，智库研究结果的科学性和准确性能够得到保证。当前，在大数据、云计算以及各类开放式平台的推动下，智库的研究方法和研究资源得到了极大的拓展，各种可视化数据统计分析工具及预测工具，使得智库的战略研究和科学预判的触角能够比过去更快速、更准确地伸到前沿领域。

（二）中国特色新型智库体系初步形成

中国特色新型智库建设以国家高端智库为主力军。国家高端智库建设试点工作全面启动以来，按照党中央决策部署，国务院发展研究中心、中国社会科学院、中央党校（国家行政学院）等国家高端智库建设全面推进，主要研究领域涵盖国家发展战略、国家治理、国家安全、公共政策、宏观经济、金融问题、科技发展、能源战略、国际问题、国际贸易、港澳问题、新闻传播、国防和军队建设、党的建设等关系党和国家发展的重大领域，在服务党和国家决策、舆论引导、对外交流和体制机制创新等方面取得了积极进展和丰硕成果。截至2022年9月，包括29家国家高端智库建设试点单位和16家培育单位在内的国家高端智库建设方阵逐步形成，决策影响力、社会影响力、国际影响力不断提升，正稳步迈向高质量发展阶段，为探索中国特色新型智库建设路径积累了宝贵经验，国家高端智库建设已成为中国特色新型智库建设的示范工程。

在国家高端智库引领下，中国各类新型智库百舸争流、蓬勃发展。社会科学院系统发挥中国社会科学院作为国家级综合性高端智库的优势，引导带动地方社会科学院着力为地方党委和政府决策服务，成为地方智库建设的主力军。高校智库深入实施中国特色高校智库建设推进计划，不断深化体制改革，着力打造一批党和政府信得过、用得上的新型智库，高校智库决策咨询服务水平整体提升。党校（行政学院）系统把建设中国特色新型智库纳入事业发展整体布局，推动教学培训、科学研究与决策咨询相互促进、协同发展。科研院所智库围绕建设创新型国家和实施创新驱动发展战略，积极开展科学评估和预测，提出咨询建议。中国石油集团经济技术研究院等企业智库快速发展，国有及国有控股企业开始兴办一批产学研用紧密结合的新型智库，围绕国有企业改革、产业结构调整、发展规划、政策制定、重大工程项目等开展决策咨询研究。社会智库把社会责任放在首位，推动咨询服务市场进一步规范，智库产品供给机制不断完善。各种专业相近、功能互补、业务协同的专题性、专业性、区域性的智库联盟不断涌现，"一带一路"国际智库合作委员会、中关村全球高端智库联盟、长三角地区党校（行政学院）智库联盟、中央企业智库联盟、RCEP智库联盟等各种智库合作协作形式应运而生。通过快速发展，各类中国特色新型智库定位清晰明确、专业特色鲜明突出、智库功能优势互补、管理规范创新运行、分工合作协同共赢的局面初步形成，形成了以国家高端智库为引领，各级各类智库协同发展、开放发展、高效发展的中国特色新型智库体系。这个体系既包含智库不同的属性类型，又涵盖多元的智库领域，初步形成了全面发展的局面。

总之，国内主要智库在不断磨合中基本找到了各自在智库市场中的细分领域和特色化定位。一方面，哲学社会科学领域的各类智库分工有序，合则事半功倍、各取所长，形成"1+1>2"的合力；分则各显神通，站好各自领域的重要岗位。另一方面，智库研究的民族性、地方特色性、行业性逐渐突显。新疆、西藏、云南等地区涌现出一批专门研究民族问题、边疆问题，具有极强地域性的特色化智库。这些智库可以借助各自的区位和文化优势与相邻国家开展各类合作。京津冀、粤港澳、长三角等区域一体化地区也孕育出许多跨地区、联盟性的智库机构。随着人工智能、区块链、云计算、大数据行业的兴起，许多相关行业领域具有技术优势、交叉学科性质的工程类智库也在不断涌现。

（三）中国特色新型智库的治理创新

中国特色新型智库是国家治理体系的重要组成部分，提升智库建设水平也是提升国家治理能力的重要途径。党的十八大以来，随着《关于加强中国特色新型智库建设的意见》《国家高端智库建设试点工作方案》等顶层设计不断完善，中国智库发展进入"快车道"，在增进国际合作、解决现实问题、凝聚民众共识等方面，发挥越来越大的作用，成为国家软实力的重要组成部分。中国特色新型智库的发展在"特色"和"新型"的基础上，从智库内部的体制机制创新和外部的政策制度创新等方面提升治理体系和治理能力现代化水平。

第一，智库内部的体制机制创新。按照中央关于党和国家机构改革和事业单位分类改革的要求，中国特色新型智库建设遵循智库发展规律，不同类型的智库管理体制改革持续推进，内部治理机制日益完善，活力日益增强。在内部治理模式上，多数国家的高端智库都建立了理事会决策、学术委员会把关、首席专家领衔、专业人员担任研究主力的内部治理模式。在质量管理体制上，建立质量全过程管理体系，普遍实行项目负责人责任制，在立项开题研讨、中期检查评估、后期结项评审上加强全链条质量管理。在研究模式上，不断健全智库课题招标或委托制度，实行"揭榜挂帅"制度，推进联合研究，不断完善成果导向、注重质量、公开公平公正、科学规范透明的项目管理机制。在经费管理制度上，多数智库积极探索建立和完善符合智库运行规律与智力劳动特点的经费管理制度，成果购买制、项目包干制、成果奖励制等一系列形式灵活、力度空前的调动智库研究人员积极性的经费创新举措不断涌现，智库人员正在从繁杂的事务性劳动中解脱出来。同时，建立健全规范高效、公开透明、监管有力的资金管理机制，建立跟踪研究、持续滚动资助的长效机制。

第二，智库外部的政策制度创新。中国特色新型智库的高质量发展离不开党中央、国务院和地方各级党委、政府的支持。各地都充分认识到中国特色新型智库的地位和作用，把智库建设作为推进科学执政、依法行政、增强政府公信力的重要内容，列入重要议事日程；建立健全党委统一领导、有关部门分工负责的工作体制,加强落实政府信息公开制度、完善重大决策意见征集制度、建立健全政策评估制度、建立政府购买决策咨询服务制度、健全舆论引导机制等,努力形成有利于智库发挥更大作用的制度体系和舆论环境,增强智库决策分析的科学性和有效性。在智库成果转化及应用上,各智库单位不断完善以质量创新和实际贡献为导向的评价办法,国家也制定了高端智库综合评估办法和评价指标体系,2019年开展了国家高端智库建设三年综合评估,旨在以评促建。社会智库层面逐步构建起用户评价、同行评价、社会评价相结合的智库评价指标体系。

(四)持续建立健全决策咨询制度

资政建言是智库存在和发展的核心竞争力,这一点主要是通过生产思想和建言渠道体现的。党的十八大以来,党中央把建立健全决策咨询制度作为密切联系群众作风在领导决策过程中的重要体现,作为党重视和推进决策科学化、民主化建设的重要一环,要求各级领导、各级政府部门在分析问题、研判形势、谋划工作、作出决策时,从人民群众的利益出发,一刻也不脱离群众,做到从群众中来、到群众中去,问计于民,充分听取上上下下、方方面面的意见和建议,兼听兼顾,统筹协调,集思广益,汇聚众智。由此,自觉认识和更好地遵循经济规律、自然规律,准确把握改革发展稳定的平衡点,准确把握近期目标和长期发展的平衡点,准确把握改革发展的着力点,准确把握经济社会发展和改善人民生活的结合点,不断增强推进改革开放、领导经济社会发展的能力,提高经济社会发展质量和效益水平。建立健全决策咨询制度对参与其中的智库专家学者而言,既是尊重和信任,也是严肃的考验。专家学者在决策咨询制度化建设过程中,需要充分展示其专业造诣、责任意识,需要具备对国家对人民高度负责的态度，需要敢于直言，更需要以真知灼见为党中央科学决策建言献策。因此，广大专家学者要深入实际、深入群众、深入基层，倾听群众呼声，掌握真实情况，广泛调研，潜心研究。在实现中华民族伟大复兴中国梦的征途上，必将涌现一批忧国忧民的、高素质的爱国精英，他们贡献才智，与党同心同德，在推进决策科学化、民主化建设的过程中，实现自身的人生价值和光荣使命。

近年来，党中央明确提出加强中国特色新型智库建设，建立健全决策咨询制度。为此，社会各界树立了"凡重大决策必咨询专家"的理念，坚持专家决策咨询、公众有序参与、党委政府决策有机结合，涉及经济社会发展全局的重大事项，要面向社会广泛征求意见，听取专家意见建议；不能以专家咨询排斥公众有序参与，也不能以专家意见代替党委政府班子的程序化决策。要坚持科学决策与高效咨询的适度平衡，既要严格遵循既定规则和程序，确保专家参与决策咨询工作的客观中立性，又要在确保决策质量的前提下，尽量提高专家决策咨询的工作效率。要坚持决策咨询专家权利与义务的统一，专家有权按照客观中立的立场开展决策咨询，并承担对等的义务，任何单位和个人不得影响专家独立开展工作。

另外，完善智库专家参与决策咨询的运行机制。建立重大决策课题委托专家研究制度，对于党委、政府拟定的重大决策事项，可委托党委、政府的专家决策咨询机构开展深入研究，也可由主要牵头部门向社会进行公开招标；对于专业性较强或涉及保密事项的课题，可以实行委托制，直接委托专家决策咨询机构或相关单位开展课题研究。规范重大决策的前期专家咨询论证制度，凡涉及重大发展战略制定、大额资金使用、重要项目建设、重要政策出台等决策的，原则上在决策形成前必须开展广泛而深入的前期专家咨询论证工作。完善专家日常建言献策与咨询会议制度，为专家建言献策提供便捷渠道，探索完善专家参与党委政府重大决策咨询论证制度、建言献策制度、咨询会议制度，推动专家决策咨询工作制度化。建立咨询专家信用评价制度，建立决策咨询专家信息库，详细记录咨询专家的研究领域、工作经历、社会关系以及其他可能影响咨询质量的相关事项，并以此作为评价专家的主要依据。

（五）以国家高端智库引领各级各类智库高质量发展

第一，持续完善高端智库发展的制度保障。以习近平新时代中国特色社会主义思想为指导，以高水平服务党和政府科学、民主、依法决策为宗旨，以建立高质量、专业化、精细化的现代智库发展格局为目标，以政策性和战略性研究咨询为主攻方向，以完善和健全智库管理体制与运行机制为重点，使高端智库建设紧密对接党和国家工作大局，强化智库在中国特色社会主义建设中的使命与责任。构建面向现代化、面向世界、面向未来的新时代国家智库体系，更好地服务于党和政府的科学决策、民主决策、依法决策进程，为实现第二个百年奋斗目标和中华民族伟大复兴的中国梦提供智力支撑。推动新时代中国高端智库建设是一项涉及多方面工作的系统工程，要加强智库组织管理，健全智库协调机制，强化智库经费保障，完善智库考核评估机制，优化智库发展环境，加快形成权责明确、指导有力、协调高效、保障到位的工作机制，紧密围绕"五位一体"总体布局和"四个全面"战略布局在经济、政治、文化、社会、生态、科技、教育、法律、国防、外交等重点领域培育建设一批高端智库品牌，统筹推进党政、军队、科技、高校、企业、社会、媒体等各类型智库协同发展，加快形成高质量、专业化、精细化的现代智库发展格局。

第二，明确高端智库建设重心。不同于一般意义上的智库建设，高端智库建设研究更加突出问题导向、应用导向，注重提升战略性、应用性、对策性研究质量，为新时代党和政府战略决策面临的综合性、专业性、长远性问题提供解决之道和因应之策。高端智库始终强化问题意识，保持发现问题的洞察力和敏锐性，把研究着力点对准全新历史阶段关系党和政府治国理政的核心议题，对准新时代全面深化改革进程中的战略全局问题和经济社会高质量发展中的焦点现实问题，开展全局性、战略性、前瞻性和储备性研究，紧密服务党和政府决策工作大局。中国特色社会主义进入新时代，高端智库聚焦党的二十大精神和重要领域的建设部署，结合机构自身准确定位，重点针对重大战略性问题开展调查研究。例如：如何把握国际形势新变化和新趋势，切实用好中国发展的重要战略机遇期；如何落实新发展理念，统筹安全与发展，推动经济社会实现高质量发展；如何实施好"一带一路"建设、京津冀协同发展、长江经济带建设等倡议和战略，构建全面开放新格局；如何推动全球治理体系更加公正合理，为中国发展创造更为有利的外部条件，摸清实际情况，提出务实之策。

第三，健全高层次专业人才培养机制。高层次专业人才是高端智库立足之本、制胜之要，是高端智库的核心竞争力。推动新时代以高端智库为引领的中国特色新型智库高质量发展，必须健全高层次专业人才塑造、培养与使用的制度环境，从体制机制上解决吸引人才、聚集人才、使用人才、留住人才的问题，加快形成开放、合作、竞争、流动的人才管理体制。首先，要重点塑造首席专家等高层次专业领军人才。一个高端智库的整体水平和综合影响力，在很大程度上取决于以首席专家为代表的高层次专业领军人才。首席专家不仅要有卓越的理论功底和专业素养，还要有强烈的担当精神和社会责任感，以发挥智库建设的灵魂与核心作用，肩负智库建设领头人重任，强化引领带动与先导示范效应，在人才结构优化、人才管理创新、领域性人才发掘与培养、专业化人才团队塑造等方面发挥主体职能作用，并以此为核心营造高质量、专业化的智库人才环境，形成核心突出、带动有力、专业精干、相对稳定的研究力量。其次，要培养高水平智库研究梯队。坚持高层次、专业化、创新型人才发展导向，实施以专为主、专兼结合的智库人才管理体制，将"走出去"与"引进来"结合，广泛吸纳不同专业背景、不同年龄梯次的研究人才，形成结构丰富、层次合理、优势互补的复合型研究梯队。最后，要健全人才交流与流动机制。一方面，积极输送优秀政策研究人员到党和政府职能部门任职；另一方面，吸引有丰富决策经验、充满理论研究热情的在职或离任党政军干部参与高端智库研究工作，形成决策部门和智库之间人才的双向、有序流动机制，在专业性较强的经济社会新兴领域探索制度性人才交流环境。

第四，提升高端智库全球化交流合作水平。在全球化背景下，全面推进中国特色大国外交与新型国际关系的构建，需要中国智库不断拓宽国际视野，提升国际交流合作水平。要坚持开放培育智库原则，提高智库国际化咨政研究能力，鼓励智库开展基于全球化视角的跨国战略研究、地缘政治研究、国别研究等世界性议题设置。大力拓宽高端智库对外交流渠道，在博采众长、交流切磋和竞争互鉴中提升中国智库的国际化水平。积极鼓励和开展与国际知名智库的合作，借助新建或参与已有的国际研究合作平台，使中国高端智库更多地参与全球性重大议题合作研究和对话，常态化向世界输出"中国倡议""中国智慧""中国方案"，持续提升中国高端智库在政策研究领域的国际影响力与知名度。积极促进中国高端智库与国际顶尖智库领域专家的交流与合作。同时，在公共外交、经贸合作、人文交流、对外宣传等方面，充分发挥智库"第二轨道"的优势，使智库更深层次地融入新时代中国特色大国外交体系，为构建新型国际关系贡献高端智库的特有力量。

（六）高校智库学者治学范式发生了显著改变

新型智库建设不仅形成了理性包容的现代政策共同体，而且为哲学社会科学界专家学者开辟了建言献策的议政通道，让知识界重新审视现代决策咨询体系对自己的时代要求和自己在其中的责任使命，积极投身于党委、政府的决策咨询服务之中，从而达到优化高端咨询业生态的效果。哲学社会科学是人们认识世界和改造世界的重要成果，也是重要工具。从增强智库意识到提升核心能力，再到研究深度、研究方法、发声渠道的改变，都是学术型专家经过智库化转型后带来的一系列变化，也是新型智库建设推动哲学社会科学转型的另一种体现。具体表现在以下几点。

一是问题意识更强，能力更加全面。问题是理论的先导，只有深入研究党和国家面临的一系列重大理论和现实问题，以及社会群众普遍关注的热点、焦点、难点问题，才能提供对路有效的对策建议。高校智库专家不同于传统的学术型专家，社会对其能力的要求更为多元，涉及对政策的敏感性、话语组织能力、媒体应对能力、国际对话能力等，智库专家也正在为此不断调整、持续改变。

二是学术研究更加求实求深。习近平总书记关于克服"五唯"顽瘴痼疾的重要讲话，引起了社会各界的强烈反响。教育部、科技部等中央部门也陆续下发相关文件，着力破除"五唯"。新型智库建设无疑为破除"五唯"提供了重要路径。在社会科学成果认定中，把高校智库的内参和研究报告、学者参与政府决策咨询活动等纳入成果认定范围，在一定程度上改变了唯有专著和论文才是研究成果的错误认知；在成果评价奖励中，开始注重成果的质量和社会影响，实行科研成果的"代表作制度"，以质量为导向不断优化成果评价标准和方法。

三是政策研究方法更加多元。作为学术机构的高校智库要建立自己的研究体系，要有自己的研究方法、分析工具和技术手段。调查研究始终是新型智库把准研究问题、获得一手数据、拿出切实方案的关键方法，智库通过制定智库研究专项要求、加强智库成果调研质量评估等措施，倒逼专家学者切入现场、深入基层、融入实践，到一线开展沉浸式驻地调查，切实用好调研这把"金钥匙"。此外，现代智库更重视数据积累和技术运用，尝试采用大数据分析、模拟仿真、社会计算等研究手段，建立了一大批数据采集平台和数据库，逐渐形成了具有自身专业特色的研究方法和研究模式，进而夯实智库研究的数据库和方法论基础。

四是对外宣传更加注重主动发声。《关于加快构建中国特色哲学社会科学的意见》指出，要加快构建中国特色哲学社会科学话语体系，坚持用中国理论阐释中国实践，用中国实践升华中国理论，创新对外话语表达方式，提升国际话语权。新型智库摒弃"养在深闺人未识"的错误认知，开始注重对外宣传自身的研究成果，加强中国政策主张的对外发声，积极设立或参与国际性学术组织，举办国际性学术活动，不断开拓国际化视野和提升国际话语权。当今世界正经历百年未有之大变局，在这种新形势下，新型智库的国际发声成为建设中国特色新型智库话语体系的重要支点，也是深化中国对外开放、提高国际影响力的重要方面。

在过去很长一段时间，哲学社会科学始终面临学科身份不被认可的"失位危机"和西方话语地位霸占的"失语危机"。针对中国哲学社会科学面临的地位困扰和话语权危机，党中央适时出台《关于加快构建中国特色哲学社会科学的意见》，充分肯定了哲学社会科学在"更好进行具有许多新的历史特点的伟大斗争、推进中国特色社会主义伟大事业"中的强大作用，重拾了中国哲学社会科学发展的信心。哲学社会科学贵在求真、贵在求用。中国特色新型智库的建设加快了哲学社会科学的时代转型，为哲学社会科学的"知行合一"问题提供了解决方案，也为哲学社会科学找到了从哲范式（求真）到智库范式（求用）的创造性转换路径，强化了哲学社会科学研究的实践导向和问题意识，鼓励哲学社会科学工作者走出"象牙塔"，让更多有价值、有意义的社会基层问题浮出水面，让研究成果更贴近生活、接近真实、反映社会需求，真正做到"谋之有基、参之有道"。可见，新型智库建设有力地推动了中国特色哲学社会科学的繁荣发展，显示出明显的政策溢出效应，成为推动中国特色哲学社会科学发展的重要路径，也是对"建设具有中国特色、中国风格、中国气派的哲学社会科学"的最佳响应和反馈。

（七）社会各界对新型智库的认识大大加深

中国特色社会主义进入新时代，智库在国家重大发展战略和方针决策的谋划与实施中发挥着重要的智力支撑作用。中国特色新型智库的咨政建言、理论创新、舆论引导、社会服务、公共外交等重要职能，加深了各类智库对自身职能的重新思考和认识，使之着力增强智库研究的前瞻性、时效性、战略性和可操作性，为党和国家提供有价值的公共决策参考。

新型智库在新型冠状病毒感染疫情防控中发挥了极为关键的应急决策作用，体现了"疾控智囊团"的使命担当。2020年伊始，疫情防控成为检验国家治理体系和治理能力现代化水平的试金石，智库在疫情防控中大力推进决策咨询、科学引导、政策研究等工作，积极投入疫情应对与国家治理的研究，为坚决打赢疫情防控的人民战争、总体战、阻击战贡献智慧和力量。其一，及时提供应急决策参考方案。在做好本领域工作的同时，智库对各类引发疫情的风险点进行分析预警，协助制定应急预案，还对疫情防控工作的进度和效果进行分析研判，根据环境条件变化提出完善防控工作的意见和建议。其二，科学引导社会公众行为。智库在疫情防控中广泛普及科学防护知识，重点加强对相关法律法规、政策措施的解读，及时回应群众关切，引导全社会依法防控，培育积极健康的社会心态。其三，着力开展政策评估与优化研究。智库针对疫情防控中出现的新问题、新情况和政策实施过程中暴露的短板和缺口，进行有针对性的深入研究，为加强中国疾病防控体系建设、推进公共卫生体系现代化建言献策。新型智库经过了疫情防控实战考验，始终不遗余力地提供重要的态势分析和建议措施，发挥了至关重要的应急决策作用。

新型智库协助完成"十四五"规划编制任务，在为国家中长期经济社会发展战略把脉献策中展现了新时代的责任担当与良好风貌。2020年3月，中共中央政治局会议决定，党的十九届五中全会审议"十四五"规划建议，以习近平总书记为组长的文件起草组迅速成立，通过地方和基层深入调研、社会各界人士献计献策、网上意见征求、高层领导决策等环节，历时七个多月的五年规划编制工作高质量完成，并于2020年10月审议通过。习近平总书记多次强调，要把社会期盼、群众智慧、专家意见、基层经验充分吸收到"十四五"规划编制中，还多次在经济社会领域专家座谈会、党外人士座谈会、基层代表座谈会等会议上直接听取社会各界关于"十四五"规划编制的意见和建议，让"十四五"规划在开门问策、集思广益中铺展开来。在此项任务中，包括智库在内的60多家科研机构和相关部门积极作为、主动担当，承担并高质量完成中央财办和国家发改委委托的37项重大课题，形成130多份研究报告，为推动规划进程发挥了重要的参谋咨询作用，也为党和国家充分展示了新型智库的应有价值和责任担当。

二、中国特色新型智库建设所存在的不足之处

自党的十八届三中全会通过的《中共中央关于全面深化改革若干重大

问题的决定》提出"加强中国特色新型智库建设，建立健全决策咨询制度"以来，我国智库历经十年建设进入了新阶段。当前，我国智库在中国特色新型智库的体系布局、资源配置、宏观制度环境、管理体制和运行机制、知识服务和创新能力、国际影响力和话语权、智库高水平人才队伍建设等方面还存在一定不足。这些不足的产生有其深层原因，它们也是中国特色新型智库建设新阶段的改进方向。

（一）中国特色新型智库体系构建有待优化

第一，当前我国智库类别多，但整体尚未形成结构合理、优势互补、功能齐备、有序运转的良性智库生态。我国智库按组织性质、功能、运作方式和研究范围的分类标准形成智库组织形式的创新，经过建设初期的无序增长后，政府部门和学术界还未进一步将智库的门槛和标准细则予以明确，这不利于不同智库的良性竞争和优化。各类智库各有优势和特色，但在智库体系现有的分类指导中还缺乏优化落实的抓手。

第二，基本覆盖重点发展领域的国家高端智库、省级重点智库和专业性智库等的布局和建设有待加强。一方面，智库机构涉及多方面、多类别、多层次、多分支，其工作职能和定位各不相同，当前智库供给在成果与需求的匹配度上有偏差，智库成果还不能精准匹配复杂的社会发展现实，因此智库的生产系统还须加强变革，进一步实现科学化、合理化与人文化。另一方面，现有智库优质资源尚未有效整合，智库管理体制依然存在属地化、部门化弊端，造成智库机构小而多、整体实力不强的局面。

第三，各个智库机构发展不充分不平衡，缺乏整体规划和统筹推进。我国智库建设有自己的情境，决策科学化民主化也要基于自己的国情，参与决策的智库尤其是政府智库为党委和政府决策咨询提供服务，党委和政府发挥协调统一作用。在实际运转中，智库决策咨询服务质量并不高，

"智库界虚火的原因之一,是国家和省市地方的智库治理有效制度供给不足"①。各个智库机构根据自身实际,走特色发展道路,但各个智库机构往往仅关注自身的发展,导致整个智库领域的发展不够协调有序。

(二)智库资源配置有待优化

第一,智库虽然拥有广泛的资源,但是组织和平台功能有待强化,智库共同体有待进一步构建。智库涉及多方面的智力要素,如果运行模式上缺乏紧密合作的大格局,"智政产学研媒"不能联合联动,智库之间不能取长补短,服务能力就会大打折扣,而智库共同体的构建是智库形成系统性工程、实现共建共享的重要方略。当前,我国智库共同体的构建面临以下困境。其一,不同智库可能受到不同主体的利益驱动,如政府、企业、社会组织等,这些利益冲突可能影响智库的独立性和客观性,制约智库共同体的构建。其二,不同智库的专业领域和研究重点可能存在差异,导致知识壁垒的存在。其三,智库的研究需要一定的资源支持,包括人员、经费、数据等。然而,很多智库面临资源不足的问题,这限制了智库共同体的构建和发展。其四,智库之间竞争与合作关系的平衡。智库之间存在竞争关系,这种竞争关系可能影响智库之间的合作和智库共同体的构建。

第二,智库资源配置不均衡。政府智库与社会智库需要进一步平衡,以发挥各自优势,形成互补。其一,中国特色新型智库在组织架构上具备一定程度的政府属性,在科研经费方面需要政府的支持,这意味着政府智库和社会智库之间会出现信息获取不畅、人才分布不均、成果归属不明等问题,而且会导致智库机构之间的信任缺失,降低智库体系运转效率。

---

① 李国强.创新中国智库建设[M].北京:中国财政经济出版社,2020:126.

其二，政府智库和社会智库各有优势，也各有局限。政府智库在资金、科研和对接决策咨询需求等方面具有优势，但是智库经费依赖政府，独立性不够；高校智库学术成果与智库成果混同，现实导向不强；考核机制和竞争机制设置有效性不足，导致总是陷入要编制、要经费的"小天地"里，体制内智库转型难等。相较而言，社会智库虽然面临法律地位、生存空间等困境，但运营的独立性、市场化特质、"接地气"的社会影响力，以及沟通政商学界的平台优势等，都与政府智库形成了优势互补、相得益彰之势。[①] 其三，"政策研究也是有市场的，有的研究领域非常热、竞争激烈，有的研究领域比较冷，尚无人占领。"[②] 资源配置分散导致智库碎片化现象突出，缺乏模块化、一致性的发展路径和协作机制，智库资源不能有效整合，建设高端智库的力量尚未汇聚。当前，我国智库机构数量位居世界第二，仅次于美国，但是类似美国兰德公司、卡内基基金会、布鲁金斯学会等的世界顶级智库仍然缺乏。

第三，社会力量参与智库建设不足，智库依赖政府经费支持难以实现自主研究和创新。一方面，虽然我国政府已经出台了一系列关于鼓励社会力量参与智库建设的政策，但实际效果并不明显，社会力量参与度仍然较低。社会对智库的认知度不足，不了解智库的重要性和作用，导致社会力量参与智库建设的积极性不高。社会力量与智库之间缺乏有效的合作机制，导致社会力量参与智库建设的效果不佳。另一方面，智库如果只靠政府经费支持，就很难保证其独立性和公信力。"我国目前仍没有专门针对智库筹款、管理等方面的法律法规，对智库的税收保障、机构治理等缺乏应有的规范

---

① 王辉耀，苗绿. 中国智库建设现状、问题及建议 [J]. 情报工程，2018，4（4）：25-33.

② 李国强. 创新中国智库建设 [M]. 北京：中国财政经济出版社，2020：125.

性。"① 同时,"智库多元化资金筹措机制的不健全,是中国智库尤其是社会智库发展壮大的主要障碍"②。

(三)智库建设的宏观制度环境尚不完善

第一,当前我国智库建设的宏观制度环境尚不完善,智库在公共政策决策中的定位不明确。习近平总书记对于智库建设作出的重要批示和中共中央办公厅、国务院办公厅在2015年1月发布的《关于加强中国特色新型智库建设的意见》,明确要求完善重大决策意见征集制度。这是中国智库建设进入法治化、制度化新阶段的开端。但是智库本身在重大行政决策法定机制和程序中的定位和作用有待进一步细化并制定配套文件。

第二,我国智库"没有从法律视角来完善智库体系建设,缺乏对于义务及权利关系的影响制约"③。围绕中国特色新型智库建设涉及的多方面关系,包括政治性与独立性、整体性与重点性、综合性与专业性等关系尚未形成规定。数量众多的政府智库服务对象单一,还存在公共性不足的问题。④当前,我国智库运转的经费主要还是来源于政府拨款,导致"智库倾向于对政府政策进行解读而很少进行长期性、战略性、前瞻性的知识生产和政策分析,易于使公众、社会舆论和外界对其客观性产生怀疑,从而影响智

---

① 苗绿,王辉耀.中国智库资金来源多元化初探[J].科学与管理,2017,37(4):11-14.

② 苗绿,王辉耀.中国智库资金来源多元化初探[J].科学与管理,2017,37(4):11-14.

③ 袁海瑛.我国科技创新智库建设的机制研究[J].情报杂志,2018,37(4):48-54.

④ 李国强.对"加强中国特色新型智库建设"的认识和探索[J].中国行政管理,2014(5):16-19.

库思想产品的公信力，进而影响它们在更大范围内的传播"①。同时，由于我国智库在咨询政策、咨询解读、国际传播等方面存在一些问题，比如政策预判、政策解读的观点模糊、前后不一等②，影响了智库研究成果的公信力。

第三，智库不能自觉地将社会前沿问题、群众关心的问题作为研究方向，咨政建言、社会服务的重要功能未能得到有效发挥。智库研究人员下不去基层、做不了调研，真正能够发现和解决地方社会经济发展过程中实际问题的智库少之又少，导致智库研究缺乏问题意识和现实意义，研究成果空洞、不接地气，多是"照猫画虎""移花接木"，形成表面繁荣，而实际上智库研究成果和政策咨询、社会现实需求在供需上严重不匹配、不均衡。

（四）智库管理体制和运行机制尚不适应中国特色新型智库的建设目标

第一，政府在中国特色新型智库建设的实践中尚未建立完备的多层次、全方位和特色化的制度或办法。我国智库的管理体制相对分散，缺乏统一的管理机构和规范的管理制度。各个智库机构的管理方式和标准不一致，导致智库发展不够协调有序。一方面，由于缺乏智库管理方面的相关立法，在中国特色新型智库建设中，我国对各类智库机构的管理还未完全规范化，比如对社会智库的管理疏松，急需相关的专门立法予以规范引导。另一方面，在智库的重大、紧急攻关领域，缺乏灵活的配套运行机制，比如在与"一带一路"沿线国家交流方面，现有的涉外智库管理机制主要参照的是政府涉外公务人员的管理规定，随着"一带一

---

① 张燕军. 推进中国特色新型智库建设 [N]. 中国社会科学报，2022-12-08（4）.
② 李永杰. 高质量建设中国特色新型智库 [N]. 中国社会科学报，2022-12-28（1）.

路"建设的发展，新型智库需要与相关国家开展更为广泛和深入的交流合作，在人员监管等方面可以采取更为灵活的配套机制。①

第二，当前我国智库组织管理体制、经费管理体制、人事管理体制、研究项目管理体制、成果评价和应用转化机制、外事管理体制等与建设中国特色新型智库的目标要求还不完全适应，良性竞争机制、评价机制、监督机制、激励机制以及评估体系等还不完善。其一，缺乏专门针对智库的法规和政策文件，在智库的设立、运行、评估等方面没有明确的规定和指导，这导致智库的发展缺乏法律依据和规范。其二，智库人才的培养和引进机制尚不完善，缺乏相应的激励和保障措施。智库人才的流动性较强，留住优秀人才成为一个难题。其三，目前智库的评价机制较为单一，主要以研究成果数量和质量为评价指标，缺乏对智库社会影响力、政策影响力等方面的评价指标，难以全面评估智库的综合能力和贡献。

第三，智库与决策部门、行政部门之间缺少信息共享和互动交流，缺乏常态化对接机制，智库建设回应制度力度孱弱，智库运转的原则、组织架构、工作要求和实践形态不明确，"上传下达"的渠道梗阻，导致一些制度在实际执行中空转，智库建设效果大打折扣。

第四，智库发展尚未有效借助数字化手段提高运作效率，尚未建立全国统一的智库注册等级监管信息化系统，导致我国对智库的监管还不够精准，智库本身的安全可靠性难以评定。

（五）智库知识服务能力和创新能力不足

第一，当前我国智库知识服务能力和创新能力不足，战略性、前瞻性和政策储备性有待提高。随着改革的全面深入、利益格局的调整和社会结

---

① 石培培.推动新型智库高质量发展[N].中国社会科学报，2022-12-01（4）.

构的变化，影响经济社会稳定的新旧矛盾并存叠加，突发事件频繁、风险点日益增多，对决策的前瞻性、预见性、及时性提出了更高的要求。战略思维是由问题导向产生的。"如何发现战略问题？明者因时而变，知者随事而制。首先要有战略担当，在矛盾和问题面前不回避，……要见微知著，才能主动作为。"①智库研究如果不面向新时代改革开放和社会主义现代化建设的丰富实践、面向基层、面向人民，不到现场当面听，不做谈话调研、蹲点调研、田野调研等获取一手材料，就难以提出具有针对性和可操作性的政策建议，更难以推进理论创新。

第二，我国智库发展的一大特点是数量增长迅速，但研究成果未能实现同步增加，存在研究方法单一、研究视野狭窄、理论研究多基于西方话语体系等问题，具有原创性、创新性和国际影响力的高质量思想产品较少。同时，由于我国智库缺乏高质量的智库专业人才，"智库管理者与智库专家由非专业人士组成，学者兼职成为智库专家群体构成的主要方式，就容易出现学术成果与智库成果混同、智库产品成为学术成果的简单延伸以及因囿于学者思维而产出想象型对策建议成果等诸多问题，从而导致智库研究的问题、范式与思路的智库特色与优势不足，造成智库产品独立性、专业性、有效性的缺失"②。

第三，当前我国智库成果的市场环境还不成熟，需要进一步创建有活力与竞争力的市场环境。其一，相较于国外发达国家，我国的智库市场认知度不高，公众对智库的认知度和了解度较低，导致市场规模较小，市场活力不足。其二，我国的智库市场需求相对较弱，主要服务于政府需求，

---

① 李国强. 创新中国智库建设 [M]. 北京：中国财政经济出版社，2020：223.
② 宗超，吴爱玉. 推进新型智库高质量发展的三维进路 [N]. 中国社会科学报，2022-11-17（2）.

企业对智库成果的需求不够强烈,智库成果的应用和推广面临一定的困难。其三,我国的智库市场缺乏市场化运作机制,智库成果的产权和利益分配缺乏规范和保障,导致智库成果的市场化运作受到一定的制约。其四,智库成果缺乏知识循环的淘汰运行机制,而智库成果如果不放到学术市场和国际政策市场中去竞争就很难保持生命力。如果智库产品的市场化程度不高,高质量的智库成果则不能有效进入政府决策过程,而被闲置或浪费,这比市场上的商品闲置与浪费损失更大。[①]

第四,当前我国智库在政策分析工具和技术手段创新运用上还不够充分,在提供知识服务和知识创新的过程中,缺少统一的资源共享的信息化平台。其一,缺乏创新技术的应用,比如人工智能、大数据、区块链等新技术在政策分析中的应用相对较少,导致智库在分析过程中的效率和准确性有待提升。其二,缺乏统一的资源共享的信息化平台。这导致智库之间的资源难以共享和交流,无法形成合力。其三,数据获取和处理能力有限。这限制了智库在政策分析中的深度和广度。其四,缺乏跨学科的合作和创新。政策分析涉及多个学科领域的知识和方法,智库之间缺乏合作的机制和平台,限制了跨学科的知识交流和创新能力的发挥。

第五,智库在基础研究和前沿科技研究方面的投入积极性不高。其一,基础研究和前沿科技研究往往需要长期投入,面临较大的风险。其二,智库的绩效评价体系通常以成果产出、政策影响等为主要指标,而基础研究和前沿科技研究的成果往往需要更长时间才能显现出来,且政策影响可能相对较小。在这样的评价体系下,智库可能更倾向于开展能够快速产生成果和影响的研究项目。

---

① 宗超,吴爱玉.推进新型智库高质量发展的三维进路[N].中国社会科学报,2022-11-17(2).

（六）智库的国际影响力和话语权亟待提升

第一，我国智库对外交流不足、国际影响力和话语权欠缺。和西方发达国家智库相比，我国智库参与国际合作与交流的机会较少，主动性不足，难以在国际舞台上拥有特色优势和专属位置。其一，我国智库在国际传播中叙事不够多元。由于语言和文化差异，统筹兼顾各方的难度大，同时由于各智库知名度和影响力的差异，人们对信息的接受度也有所不同，这要求我国智库以多元声音表达时代中国，并且有影响力的智库要积极发声。其二，智库国际舆论场的信息传播渠道主要集中在国际学术期刊、国际会议、国际媒体等平台，而我国智库在这些平台的参与度不足、对这些平台的利用率不高，因此我国智库需要主动扩大研究成果的传播范围，提高研究成果的曝光度。其三，受政治因素的影响，我国智库在国际舆论场上的发声也受到限制或忽视。

第二，我国智库缺乏国际交流合作体系。要支持有条件的智库参与或设立国际性组织，从而建立广泛的国际联系。同时，需要进一步构建或融入国际化智库知识服务联盟，以提升智库的知识开发和创造能力。其一，相较于一些发达国家的智库，我国的智库发展历史尚短。智库的发展需要时间积累和经验沉淀，而我国的智库在国际交流合作方面相对滞后，还没有形成完善的国际交流合作体系。其二，相较于发达国家的智库，我国的智库在人才、经费、技术等方面还存在一定的差距，这限制了其在国际交流合作中的主动性和影响力。其三，国际交流合作需要智库具备一定的外语能力和跨文化交流能力。我国的智库在这方面的能力相对较弱，语言和文化障碍成为制约我国智库进行国际交流合作的一个重要因素。其四，国际交流合作受到政策和政治因素的影响，在一些敏感领域，政策限制和政治因素可能对我国智库的国际交流合作形成一定的制约。

第三，我国智库在国际前沿议题方面设置能力不足，对国际智库舆情热点和公共政策研究领域的了解不够深入，无法科学研判国际关系现状和发展趋势，整体研究缺乏预见性、储备性、前瞻性和引领性，真正为整个国家做谋划的能力稍显欠缺，难以为国家制定对外战略和策略提供可靠依据。其一，国际前沿议题通常涉及新兴领域、前沿科技和复杂问题，需要具备深厚的专业知识储备和研究能力。我国智库在某些领域的研究积累可能相对较少。其二，国际前沿议题的研究需要高水平的研究人才，我国智库在某些领域的高端人才储备方面相对不足。这可能是由人才流失、培养体系不完善等因素导致的。其三，智库的研究设置和议题选择也受到制度和环境因素的影响。有时政策导向、研究重点的引导等因素可能导致智库在国际前沿议题方面的设置能力不足。

（七）智库高水平人才队伍建设有待加强

第一，当前我国智库领军人物还比较缺乏，高水平智库人才储备不够，人才创新活力未充分释放，客观理性的智库群体培育、真正服务国家战略和群众利益的智库机构发展还需进一步强化。其一，缺乏吸引力和激励机制。智库工作相对困难和复杂，而在待遇、晋升和发展机会等方面可能还不如政府部门或企业。其二，智库人才的培养需要长期的系统性训练和实践经验，而我国在这方面的培养体系相对不完善。智库机构的人才培养也缺乏针对性和系统性，无法满足不同层次、不同领域人才的需求。其三，我国智库缺乏人员流动制度，政府智库人员的流动性不强，以高校智库、党政部门智库、社会科学院智库和党校（行政学院）智库为主，采用事业单位管理模式。智库人员通常为高校教师、公务员以及事业编制的研究人员，缺乏研究支持及行政管理人员。囿于人事制度、岗位编制、薪酬待遇等方面的严格规定，我国智库在高质量的智库专门人才储备方面略显不足。

同时，智库人才在党政机关、智库与高校之间的有序流动也存在"梗阻"现象。

第二，我国智库过去借鉴美国智库人才建设经验比较多，在智库人才队伍建设宗旨、人才队伍配置、科研组织模式、招聘及质量控制、考核激励、人才储备等方面，有待与本国国情进一步结合，以推动我国学术研究人才转型为优秀的、复合型的、符合智库研究和发展需要的智库学者，从而更好地激发我国智库人才的创新动力。我国智库人才队伍建设应注重培养对本国文化和价值观有深入理解的人才。这样的人才能够与国家的政策制定者和决策者进行有效的沟通和合作，为国家的发展提供更有针对性的建议和方案。智库人才队伍建设与国情结合可以提升智库的影响力。当智库能够为国家的发展提供有针对性的研究和政策建议时，其在政府和社会中的影响力将得到大幅度提升。

第三，我国智库人才队伍建设与社会需求不匹配。一方面，智库机构的人才偏向于学术型，研究主题和方向不够贴近社会需求，与社会需求之间存在一定的脱节，成果实用性和可操作性不够强。另一方面，社会问题具有复杂性，智库的研究领域往往涉及多个学科，需要具备跨学科能力的人才。当前我国大部分高校和研究机构的培养机制还是以学科为主导，缺乏针对跨学科人才的培养计划和课程设置，难以为跨学科人才培养提供全面的支持。同时，学术评价标准也主要以单个学科为基础，缺乏跨学科研究的评价标准和体系。

三、进一步推进中国特色新型智库建设的十条建议

2022年4月，中共中央办公厅印发了《国家"十四五"时期哲学社会科学发展规划》。该规划明确提出，要加强中国特色新型智库建设，

着力打造一批具有重要决策影响力、社会影响力、国际影响力的新型智库，为推动科学民主依法决策、推进国家治理体系和治理能力现代化、推动经济社会高质量发展、提升国家软实力提供支撑。建设中国特色新型智库，要始终坚持以习近平新时代中国特色社会主义思想为指导，准确把握中国特色新型智库建设的定位使命、总体格局、发展理念和方向路径，遵循智库建设规律，深化智库建设实践，推动中国特色新型智库建设高质量发展。

（一）强化使命意识

要加强中国特色新型智库的社会服务功能，以服务国家战略为宗旨，立足中国现实，借鉴国际经验，按照"国家急需、世界一流、制度先进、贡献重大"的理念和要求提供更多实用的政策建议和智力支持。通过开展政策咨询、社会调查、舆情分析等工作，为政府决策和社会发展提供科学依据和决策支持。从实践层面来看，可以从以下五个方面着手。

其一，树立正确的使命意识。智库应明确自身的定位和责任，秉承独立客观、科学严谨的精神，关注国家战略需求和社会问题，积极开展前瞻性研究和政策咨询，提供具有实践意义和可操作性的政策建议。智库还应加强与政府、企业和社会组织的合作，推动研究成果的应用和落地，为社会的发展做出积极贡献。

其二，加强社会调研和政策咨询。智库应加强与社会各界的联系和沟通，深入了解社会各界的需求和问题，可以通过开展政策评估、政策研究和政策案例分析等方式，为政府和企业提供科学的决策支持和管理咨询。

其三，推动公共议题研究。智库应当推动公共议题研究，关注社会热点、难点、重点问题；深入分析问题的根源和影响因素，为解决问题提供科学的思路和方法；为社会提供具有可操作性和可持续性的解决方案。智库可以与相关部门和机构合作，推动研究成果的落地实施。智库要更好地关注社会问题，提供有针对性的解决方案，为社会发展做出积极贡献。

其四，加强社会服务功能建设。智库应当加强社会服务功能建设，积极开展社会公益活动，可以通过讲座、培训班、研讨会等形式，提高公众的科学素养和专业水平；可以利用多种媒体平台开展科学普及活动，帮助公众正确理解和应对社会问题；可以开展与文化传承和保护相关的研究活动，促进文化多样性和社会发展；可以积极参与社会公益项目，推动社会公平和社会福利的改善。通过加强社会服务功能建设，新型智库能够更好地服务社会，满足公众的需求，提升自身的社会影响力和可持续发展能力。

其五，发挥国际交流与合作作用。智库可以与国际智库和学术机构建立合作伙伴关系，开展联合研究项目、学术交流和人员互访等活动，促进双方的共同发展；可以积极参与国际学术会议和研讨会，与国际同行进行学术交流和合作，分享研究成果和经验，提高研究水平；可以与国际智库和学术机构合作开展跨国、跨领域的研究项目，共同解决全球性问题，为国际社会提供智力支持；可以积极参与国际智库网络的建设，加强信息共享和合作交流，提升智库的国际影响力和竞争力。

总之，中国特色新型智库应当强化使命意识，发挥社会服务功能，为国家和社会的发展提供智力支持。这要求我国智库注重社会调研和政策咨询，推动公共议题研究，加强社会服务功能建设，发挥国际交流与合作作用等，真正成为社会发展的智力支持者和智慧引领者。

（二）明确主攻方向

2016年5月，习近平主席在哲学社会科学工作座谈会上强调，智库建设要把重点放在提高研究质量、推动内容创新上。要加强决策部门同智库的信息共享和互动交流，把党政部门政策研究同智库对策研究紧密结合起来，引导和推动智库建设健康发展、更好发挥作用。中国特色新型智库的未来展望应当始终坚持习近平新时代中国特色社会主义思想的指导，以习近平总书记对于智库建设的指导理论为依托，开展智库建设。智库建设的主攻方向在于以下几点。

其一，加强信息共享和互动交流。智库与决策部门之间应该建立良好的信息共享和互动交流机制，确保智库能够及时了解决策部门的需求和政策方向，为其提供有针对性的研究成果和建议。党政智库、社会科学类智库可通过与高校智库、科技智库等合作发展，加快利用新技术强化专业数据库建设，全面提升政策咨询研究能力水平，强化成果的科学性、可靠性和可操作性，切实为决策提供科学依据。

其二，紧密结合政策研究与对策研究。智库应将党政部门的政策研究与智库的对策研究紧密结合，通过深入研究政策的实施效果和问题，提出相应的对策建议，为决策部门提供更具针对性的政策支持。智库要厚植新型智库建设学术根基，在理论研究的学理深度与学术厚度上持续发力，发挥基础理论和学术研究对新型智库决策咨询的引领支撑作用，为新型智库建设和长远发展提供坚实基础，为服务党和国家科学决策、促进经济社会高质量发展不断贡献智慧与力量。

其三，引导和推动智库建设健康发展。智库应该遵循科学研究的规范和原则，加强内部管理，提高研究质量，避免浮夸和形式主义。同时，智库还应该注重人才培养和团队建设，提高智库的整体研究水平和能力。智库要通过提供问题导向的决策方案，牵住科学决策的"牛鼻子"；要不断提高决策咨询服务能力，聚焦党和国家事业发展中的重大理论和实践问题，持续深入开展研究，面向实践特别是经济社会发展主战场开展深度调查研究，掌握一手资料，发现问题症结，提出更高质量的决策方案，不断提升自身贡献度。智库要提供精准的决策经验依据，用好科学决策的"金钥匙"。

其四，注重让研究成果发挥作用。智库应该注重研究成果的应用和推广，将研究成果转化为实际政策和决策的参考，为国家和社会的发展提供智力支持。智库要精心提供"链式"服务，推动智库专家深度融入党委政府的决策链、部署链、操作链，不断延链、补链、强链，形成以"对接需求—调查研究—推出报告—拿到批示—改进政策—起草文件—编写手册—参与试点—建立标准—开展评价—推广经验"为核心流程的服务链、成果链、效果链。

总体而言，智库建设应该注重提高研究质量、推动内容创新，加强与决策部门的信息共享和互动交流，紧密结合政策研究与对策研究，引导和推动智库建设健康发展、更好地发挥作用，这样才能更好地为国家和社会的发展提供智力支持。

（三）完善组织结构和管理机制

中国特色新型智库要建立灵活的组织结构，鼓励跨学科合作和知识共享，建立有效的管理机制，提升智库的运行效率和决策能力。具体可以从以下五个方面开展。

其一，设立专门的组织机构。智库的组织机构包括领导机构、研究部门和支持部门等。领导机构负责制定智库的发展战略和政策，研究部门负责开展研究工作，支持部门负责提供后勤支持和管理服务。

其二，建立科学的管理体系。科学的管理体系包括规章制度、工作流程和绩效评估等。规章制度明确智库的组织架构和职责分工，工作流程规范研究工作的开展和决策流程，绩效评估研究成果的质量和影响力。

其三，建设知识共享平台。新型智库作为未来重要的知识共享平台，需要提供机制和奖励，这不仅方便研究人员分享他们的研究成果、数据和经验，也可以促进成员相互学习和合作，提高研究的质量和效率。

其四，强化决策机制。建立科学的决策机制，确保决策的科学性和可操作性。可以设立由专家和决策者组成的决策委员会或专家委员会，引导多方参与决策过程，提供专业意见和建议。

其五，加强内外部合作。智库应加强与政府部门、企业、社会组织等的合作，建立与其他智库合作的机制，促进跨地区的合作和交流，实现资源共享和互利共赢，鼓励跨学科的研究项目建立合作机制，共同开展研究工作，共享资源、整合专业知识和经验，提供更为丰富、科学、有效的政策咨询和决策支持，进而提高研究的实用性和影响力。

通过建立灵活的组织结构和有效的管理机制，中国特色新型智库可以更好地适应复杂多变的研究环境，提升绩效评估和监督的效果，为国家和社会提供更有价值的智力支持。

（四）丰富新时代智库建设内涵

智库建设涵盖改革发展稳定、内政外交国防、治党治国治军等各个领域。习近平强调，统一战线人才荟萃、智力密集，可以说是一个大智库，希望全国党建研究会坚持正确政治方向，发挥党建高端智库作用，党校始终不变的初心就是为党育才、为党献策，中国科学院、中国工程院是我国科技大师荟萃之地，要发挥好国家高端科技智库功能，等等。智库的建设应当始终以"聚焦重大问题，服务国家战略"为宗旨，以国家和人民的需求为使命，不断开展智库建设，丰富新时代智库建设内涵。具体而言，中国特色新型智库建设的内涵体现在以下四个方面。

其一，在改革发展稳定方面，智库可以深入研究国家经济发展、社会发展、民生改善、区域发展等关键问题。在国家经济发展方面，智库可以研究国家产业结构调整、市场开放与竞争力提升等关键问题；在社会发展方面，智库可以研究社会结构变迁、社会保障体系建设等关键问题；在民生改善方面,智库可以研究教育、医疗、就业等重要议题;在区域发展方面,智库可以研究区域经济差异、区域协调发展等关键问题。总之,智库通过深入分析现状和问题,提出具有针对性的政策建议,为决策部门制定推动改革稳定发展的政策提供智力支持。

其二,在内政外交国防方面,智库可以研究国家安全、外交政策、国际关系等重要议题。在国家安全方面,智库可以研究和评估国内外的安全威胁,包括恐怖主义、网络安全、边境安全等问题,帮助决策部门制定和实施有效的安全防范措施。在外交政策方面,智库可以研究和分析国际政治经济形势,评估各种外交政策选择的利弊,为决策部门制定和推动外交政策的决策提供智力支持。在国际关系方面,智库可以研究和分析各国之间的相互关系、国际组织的作用以及全球治理的挑战,为决策部门制定推动国际合作的决策提供智力支持。

其三,在治党治国治军方面,智库的研究可以涵盖党的建设、国家治理和军队建设等关键问题。智库可以深入分析党的组织体系、党的思想理论建设、党的纪律建设等方面的情况,提出有针对性的对策研究和政策建议,为决策部门制定推动党的建设的决策提供智力支持。智库还可以研究国家治理的关键问题,比如政府机构改革、公共管理体制改革、法治建设等方面。通过深入研究国家治理的现状和问题,智库为决策部门制定推动国家治理的决策提供智力支持。在军队建设方面,智库可以研究军队现代化建设、军事战略、军事科技发展等关键问题,通过深入研究军队建设的现状和问题,为决策部门制定推动军队建设的决策提供智力支持。

其四,智库成果输出的形式和内容多样。智库可以从以下几方面入手:做强咨政型产品,提供高质量的对策建议、决策信息、执行跟踪、课题项目、对口服务、发展规划、政策解读、业务培训、连续性报告;

开拓评价型产品，推出指数报告、第三方评估、综合排名、评测认证、专业奖项；重视平台型产品，成立专业协（学）会、举办高端论坛，开展行业竞赛，建立资源链接平台，服务政府引资引智引技；充实推广型产品，积极为基层与行业系统提炼模式、总结经验、传播形象；开发国际型产品，与"一带一路"沿线、欧美等国家和地区的智库开展合作，讲好中国故事，提供国际公共产品；厚积学术型产品，定期推出学术专著、专业论文，提升专业形象与行业美誉度，打造横向全功能、纵向全链条的产品格局，全方位满足党政部门的需求。

总之，智库建设应该涵盖改革发展稳定、内政外交国防、治党治国治军等各个领域，为决策部门提供全面、深入的研究成果和政策支持。智库更好地履职尽责、扩大影响、创造需求需要进一步开阔视野、增加卖点、克服"内卷"，形成与自身能力禀赋相适应的智库产品。

（五）创新研究方法

中国特色新型智库要将加强学科交叉融合，促进哲学社会科学与自然科学、工程技术、医学等学科的融合，通过跨学科研究，推动学科间的互补和协同发展，为解决复杂社会问题提供更有效的思路和方法。在具体实践层面，可以从以下五个方面着手。

其一，新型智库应该组建跨学科的研究团队。设立跨学科的研究项目，吸引不同领域的专家学者参与其中，共同研究解决复杂问题，促进不同学者方法的交叉融合和创新；组织跨学科的研讨会和工作坊，邀请不同领域的专家学者进行学术交流和合作，分享各自的研究成果和经验，促进学科之间的相互理解和合作；建立跨学科的研究团队，将不同学科的专家学者聚集在一起，共同开展研究工作，充分发挥各自的专业优势，实现方法的交叉融合和创新，为解决复杂问题提供更加全面有效的解决方案。

其二，新型智库应该加强数据收集、整理和分析的能力。充分利用大数据、人工智能等技术手段，将数据驱动应用于决策过程中，提供科学、准确的决策工具；加强对各类数据的收集和整理，包括政府公开数据、企业数据、调查数据、社交媒体数据等，建立健全数据收集和管理系统；运用大数据和人工智能技术从海量数据中提取有价值的信息，为决策提供科学依据；开发数据驱动的决策工具，将数据分析的结果转化为可视化的图表、模型或软件应用，为决策者提供科学、准确的决策支持。

其三，新型智库应该引入系统思维的方法。运用系统思维的工具和方法，如因果图、系统动力学模型等，对问题进行综合、整体的分析，揭示问题的相互关联和影响，帮助决策者更好地理解问题的本质和复杂性；通过对问题的系统性研究和评估，从整体的角度对问题进行分析和解决，深入了解问题的各个方面，发现问题的根本原因和潜在风险，为决策提供更全面、系统的视角；培养和提高研究人员和决策者的系统思维能力，使其能够更好地应用系统思维的方法解决问题，提供全面、系统的决策支持。

其四，新型智库应该密切关注前沿科技的发展趋势。建立专门的包括科学家、工程师、技术专家人员在内的科学研究团队，通过科研项目、合作研究等方式，跟踪和研究前沿科技的发展趋势，深入研究新技术和新方法，为智库提供创新的决策工具；与科技企业建立合作关系，共同开展研究和创新，以获取最新的科技成果和技术应用，并将其应用于决策工具的开发和优化；通过与政府、企业等合作，将科技研究成果转化为实际的决策工具，为决策者提供更具创新性的决策支持；通过密切关注前沿科技的发展趋势，积极开展相关研究，掌握新技术、新方法，为智库提供更多的决策工具，提高决策的科学性和准确性。

其五，新型智库应该注重将实践和理论相结合。收集、分析和研究各个领域成功或失败的实践案例，深入了解实践中的问题和挑战，为决策工具的改进提供实践基础；开展实证研究，通过与实际情况进行对比，评估决策工具的准确性和可靠性，并发现其中的问题和不足；通过与实践者合作，深入了解实践的需求和问题，将实践经验与理论研究相结合，优化和改进决策工具，提高其实用性和可操作性；通过将实践和理论相结合，不断改进决策工具，提高其有效性和实用性，为决策者提供更准确、更可靠的决策支持。

总之，中国特色新型智库要加强方法创新，为智库提供更多的决策工具，还要建立跨学科研究团队，推动数据驱动决策，引入系统思维的方法，加强前沿技术研究，推动实践与理论的结合。只有不断创新方法，提供更有效的决策工具，中国特色新型智库才能更好地为国家和社会的发展提供智力支持。

（六）以大数据、人工智能赋能智库建设

未来的智库建设需要更多的理论创新，而理论创新离不开最新科学技术的支持，也离不开大量的观察和实验，更离不开现代化的智能分析系统。成熟的智库研究矩阵应该由领域知识专家、大数据分析师、软件开发人员共同组成，三者通力合作，提供最佳政策情景式解决方案。中国特色新型智库要充分利用当前科学技术，提供以数据为支撑的决策方案，更快速、更准确、更科学地分析结果，变成真正的"智慧大脑"。在具体实践层面，可以从以下四个方面着手。

其一，推进响应式变革。加强数字投资、实施数字策略、进行数字化部署，与行业见解、丰富经验深度融合，通过整合全球领域数据扩大参考源，通过精算分析得到领域量化信息，通过"算法+业务"模型进行深度数据挖掘，确保咨政建议可靠可信可用。

其二，采用高科技工具方法。充分利用移动调查、网络爬虫、自然语

言处理、机器学习等方法工具，快速准确地接收和处理各方面信息，针对问题场景汇集调度相关数据，开发相应的应用分析管理模型、基于应用算法集成的决策支持系统。

其三，构建多层次数据库。通过自建、合建、共享等方式搭建数据库、方法库、案例库，构建智库的知识管理中后台系统，为研究人员提供实时支撑，让其任何时候都能做到心中有"数"、胸有成竹。

其四，建设大数据分析中心。通过自主建设、校企合作等多种方式成立大数据分析中心，构建真正的具有自主知识产权的智库大脑，不仅可以对数据进行分析，还能通过数据的再利用获取数据的潜在价值，实现真正的智能化、自动化、智慧化。

总之，未来的中国特色新型智库建设要充分利用当前的信息科学技术，为智库提供一手数据信息资料，准确、高效的分析手段，智慧化、智能化的决策支持系统，稳定、可靠的数据综合处理中心。

（七）增强社会参与和公众沟通

中国特色新型智库应加强与社会和公众交流的力度，时刻掌握社会公众动态，进而关注最广大人民群众的根本利益；加强与社会各界的互动，提高公众对智库的认知度和参与度；加强与公众的沟通，提供易于公众理解和接受的研究成果。具体而言，可以从以下五个方面着手。

其一，建立开放的沟通渠道。智库应建立开放的沟通渠道，包括网站、社交媒体、公众演讲、研讨会等，向公众传递研究成果和政策建议。同时，智库应积极回应公众关切，与公众进行互动和交流。

其二，提供通俗易懂的信息。智库应将复杂的研究成果和政策建议转化为通俗易懂的信息，便于公众理解和参与讨论。智库可以使用图表、视频等形式将专业知识传递给公众。

其三，开展公众参与活动。智库可以组织公众参与活动，如公众听证会、问卷调查等，征集公众的意见和建议，这有助于增强公众对智库研究的参与感和认同感，提高研究的质量和可信度。

其四，加强与媒体的合作。智库应加强与媒体的合作，与媒体建立战略合作伙伴关系，及时向媒体提供研究成果和政策建议，通过媒体传播智库的声音，推动研究成果的传播，提升公众参与度。

其五，举办公众教育活动。智库可以讲座、培训班等形式组织公众教育活动，向公众普及相关领域的知识和理念，这有助于提高公众对重大问题的认知和理解，增强公众参与的能力和意愿。

通过以上措施，中国特色新型智库可以增强社会参与和公众沟通，随时听取社会意见，吸收社会智慧，提高社会影响力和公信力。

（八）提升国际影响力

高质量建设中国特色新型智库，提升国际影响力，是智库传播的要领和发展前景。未来将加强哲学社会科学的国际交流与合作，提高国际学术交流的水平，通过开展国际学术会议、学术交流项目等活动，加强与其他国家和地区的学术交流与合作，提升中国哲学社会科学的国际影响力。在实践层面，可以从以下四个方面着手。

其一，构建中国特色专业学科理论体系、话语体系。中国新型特色智库应当坚持强化"四个自信"，积极构建中国特色专业学科理论体系、话语体系。要做到旗帜鲜明，在对外交往时彰显"四个自信"，坚守国家利益，重点关注全球性、区域性议题，着眼全球大势，为国家战略决策咨政建言。

其二，提高中国在国际话语体系中的话语权。在积极构建中国特色专业学科理论体系、话语体系的过程中，实施"一盘棋"布局，有效发挥新型智库国际研究主场作用。智库要善于讲好中国故事，提高中国在国际话语体系中的话语权。中国智库的现代化建设要融合在其国际化发展进程中，在国际舞台上发挥影响力、增强话语权，要主动设置国际性议题、开展国际合作交流，提升中国智库国际传播力，主动在国际舆论上发声，推动各国对中国发展道路的关注、研究，让世界更好地了解中国。

其三，积极阐释并推出具有国际价值的中国方案。中国特色新型智库积极加强国际交流，从不同学科专业阐述具有国际价值的中国方案。中国特色新型智库在开展国际研究的过程中，必须着力参与全球性议题研究并开展对话，常态性地向世界输出中国方案。不同类型的智库要把握自身特色，发挥自身优势。比如，以应用研究为主面向区域政策咨询市场的社会智库和企业智库，必须更多地体现其"小而精"的专业研究特色，更好地发挥其社会服务功能。

其四，建立智库国际交流与合作机制。中国特色新型智库要加强与国际智库、学术机构、政府部门等的联系，开展交流、合作和研究，可以积极主办和参与国际学术会议或研讨会，展示自身研究成果和学术水平，与国际同行交流学术观点和研究方向，拓宽国际视野、提升自身影响力；可以与国际智库、学术机构等合作开展国际研究项目，共同研究国际问题，推动学术交流和合作；可以在国际权威期刊、学术平台等发布国际化研究成果，提升国际影响力和知名度，增强竞争力；可以通过建立海外分支机构、招聘海外人才、拓宽国际交流渠道等方式，加强与国际智库和学术机构的联系和合作，提高国际影响力和竞争力。

总之，中国特色新型智库开展国际交流与合作是必要条件也是充分条件，智库要在国际上主动发声，通过主动开展一系列国际活动，以中国话语体系表达中国立场、中国观点。

（九）培养高水平人才

未来将注重培养高水平的哲学社会科学人才，提升学科队伍的整体素质和能力。通过加强人才培养、引进优秀人才、提供良好的发展环境等措施，培养更多具有国际竞争力的哲学社会科学人才。在实践层面，可以从以下五个方面着手。

其一，建立完善的人才培养体系，包括提供多层次、多形式的培训和学习机会。可以通过举办培训班、研讨会、学术交流等方式，提供系统性、专业性培训，帮助人才提升专业素养和研究能力。

其二，注重培养人才的学术研究能力，鼓励人才进行原创性研究和学术创新。可以通过设立科研项目、提供研究经费和资源支持等方式，激发人才的研究热情，提高其学术水平和创新能力。

其三，培养人才的实践能力，使其能够将理论知识应用到实际工作中。可以通过组织实践活动、提供实际项目参与机会等方式，让人才亲身参与实践，锻炼实践能力和解决问题的能力。

其四，为人才提供良好的发展环境，包括提供良好的工作条件和待遇，搭建学术交流平台，提供广阔的发展空间等。同时，建立健全人才评价机制，重视人才的贡献和成果，激励人才的创新和发展。

其五，提升智库人才国际素养和国际竞争力，通过加强与国际智库和学术机构的交流与合作，引进国际先进的人才培养经验和资源，提升人才的国际化素养和竞争力。

总之，培养高水平人才需要建立完善的培养体系，注重学术研究和实践能力培养，提供良好的发展环境，加强国际交流与合作，以不断提高人才的专业素养和综合能力，这样才能为新型智库建设提供具有竞争力和创新力的人才支持。

（十）调整智库绩效评估和监督机制

要增强中国特色新型智库的绩效评估和监督机制，建立科学的绩效评估体系，激励智库的创新和发展，加强对智库的监督和评估，提高智库的透明度和责任感。具体而言，可以采取以下五项措施。

其一，制定科学的评估指标。要制定科学、客观、可衡量的评估指标，包括研究成果的质量、政策建议的实用性和社会影响力等。评估指标应与智库的使命和目标相一致，能够全面反映智库的绩效。

其二，开展独立的评估和监督。成立独立的智库评估和监督机构，对智库的研究项目、政策建议和运行管理进行评估和监督。评估和监督机构应具备专业的能力和独立性，能够对智库进行客观、全面的评估和监督。

其三，强化内部管理和监督。智库应建立健全内部管理和监督机制，包括制定规章制度、建立内部审计和风险管理机制等。内部管理和监督机制应强调透明度、公正性和责任追究，确保智库的研究和运作符合规范和要求。

其四，加强外部评估和社会监督。智库应接受外部评估和社会监督，接受专家、学者和公众的评价和建议；可以组织定期的评估和听证会，邀请外部专家和公众参与评估和监督，提供意见和建议。

其五，加强信息公开和透明度。智库应加强信息公开和透明度，及时向公众披露研究成果、政策建议和财务状况等，可以通过开设网站、发布年度报告等方式，向公众提供相关信息，增加智库的公信力和透明度。

通过实施以上措施，中国特色新型智库可以建立科学、客观、透明的绩效评估和监督机制，提高绩效和质量，增强社会的信任和认可。

第二部分

中国自主知识体系构建与新时代智库使命

在我国全面深化改革的进程中，为了达成"坚持和完善中国特色社会主义制度、推进国家治理体系和治理能力现代化"这一总目标，党和政府科学擘画、合理布局、有力推进，取得了重要而丰富的理论成果与实践成就。其中，中国特色新型智库是国家治理体系和治理能力现代化的重要内容，在国家治理中发挥着越来越重要的作用，日益成为国家治理体系中不可或缺的组成部分和国家治理能力的重要体现。智库对于国家治理的作用主要体现在哪些方面？近些年的智库建设取得了哪些成绩？智库应当如何进一步提升质量，以更好地服务于国家治理体系和治理能力现代化？对于这些问题，智库专家进行了解析。

新时代智库使命

社会复杂性、智库使命与咨政智慧
——新时代国家治理现代化与智库建设的多维思考[①]

新时代有效提升治国理政水平，推进国家治理体系和治理能力现代化的重要前提是，深刻认识到社会文明进步所具有的复杂性特征，更好地发挥智库作用、履行智库使命、提升咨政智慧。

一、深刻认识到社会文明进步所具有的复杂性特征

根据历史唯物主义的基本原理，人类文明的存在和演化是一个不断进步的过程。伴随着社会文明的不断进步，社会风险也呈几何级数地增加。社会文明进步有很多表现和标志，对其复杂性也可以从不同方面来探讨。就其数量化特征而言，社会进步表现为社会产品和社会财富越来越多，社会体量和社会规模越来越大，社会分支和社会层次越来越细等；就其结构性特征而言，社会进步表现为社会关系和社会结构越来越复杂，社会要素和社会构件之间越来越相互依赖等；就其时间性特征而言，社会进步表现为社会发展和社会变化速度越来越快，社会运行和社会节奏越来越快等；就其功能性特征而言，社会进步表现为社会效益越来越高，社会功能越来

---

① 文章来源：《决策探索》，2019年第21期，第64-66页。
作者简介：欧阳康，华中科技大学国家治理研究院院长、二级教授。

越强等；就其可控性特征而言，社会进步表现为社会的因果关系变得越来越模糊，社会的不确定性越来越强，社会风险越来越大等。

在现代化和经济全球化背景下，社会复杂性在全球范围内更加突出地表现出来，并得到扩展与放大。例如，原来在生产者和消费者之间通过直接贸易中介所发生的点对点的线性供求关系，现在需要借助国际贸易体系、国际金融体系、国际信息体系、国际物流体系等整个有机网络系统来展开，在空间上受到商家关系、地区关系和国际关系等的直接或间接影响，在内容上则与经济、政治、社会、文化、生态等问题交织在一起，构成了极为复杂的国际关系体系。又如，在社会发展进程中，原来那种"种瓜得瓜、种豆得豆"的线性因果关系几乎完全消解，一因多果、一果多因、互为因果，各种力量在博弈中形成"力的平行四边形"，非线性因果关系成为社会生产和社会生活中的普遍现象。再如，随着社会有机性的增加，社会风险也越来越大。有机系统最大的特点就是，包含各种各样的要素，通过一定的关系，形成一定的结构，进入一定的运行状态，进而产生一定的功能。社会有机性的增加对所有的要素、关系、结构和运行状态都提出了很高的要求。整个体系中的任何要素、关系、结构，运行中的任何问题都可能导致整体的破坏、系统的崩溃，产生广泛而深刻的多米诺骨牌效应和蝴蝶效应等。从全球治理和国家治理的角度来看复杂性问题，最突出的现象是智慧的博弈。由于利益的分化，各方力量都在博弈，最后谁都没有实现自己的目标，但是每一种力量都对最终结果产生了影响。

二、准确把握新时代中国智库使命

在国际国内的复杂性挑战面前，民族复兴呼唤新时代智库勇担使命。

智库的根本职责是开展决策支持，促进决策的科学化、合理化、即时化和智能化，通过自觉努力推进国家治理现代化。

（一）推进决策认知科学化

科学的决策支持首先应该是一种高度规范的科学认知行为，要对所有的前置条件、现实状况和可选方案进行尽可能全面、客观、周到和准确的认识。科学认知首先是高度清晰的历史认知，要善于发现历史的逻辑和内在规律，善于汲取历史经验，吸取历史教训，并将其转化为人类的认知财富。科学认知同时是时代意识，要能够看出时代精神及其进化规律，善于捕捉时代机遇，洞悉时代挑战。科学认知更是自我认知，要善于确立自觉的主体性，找准自我在发展中的地位，认清使命、提升境界。大数据时代的决策支持应自觉运用丰富的数据资源，读懂大数据所揭示的社会内涵、社会矛盾和发展趋势，善于发现问题，并探索解决问题的契机和途径。

（二）推进决策选择合理化

决策意味着在多种可能方案中进行比较和选择，从根本上说是一种价值选择。合理的决策支持，意味着帮助决策者在多种可能中探寻必要且可能的最佳选择。合理的价值选择面临的最大挑战是社会价值多元化、群体利益多样化。应当看到，我国对世界上的多种现代化模式都有所借鉴，但并不是对其中任何一种模式进行简单照搬，而是立足于中国历史和现实，进行深度传承与创造；从所有制的方式来看，公有、私有、民营、外资、合资、独资我们全都有。中国社会经济体系的多样化容易导致财产多样、权利多样和声音多样，这对于国家治理和决策选择也会是一个很大的挑战。在这样的背景下，决策支持的重要使命是帮助决策者更好地识别社会价值，并引领社会价值体系健康发展。智库专家要通过大数据对社会价值状态做出定性、定量和定时的分析，帮助决策建立在科学的基础上，以构建和完善国家治理体系。

（三）推进决策实施即时化

社会发展不可逆、不可重复，因此，在社会发展过程中存在时机或窗口期。从过程角度看，决策是面向社会未来的，因此，决策也可被看作一种时间投入。时间资本是最重要的资本。科学合理的决策就是要善于把握未来的时间和时机，制定出在未来一个相当长时段内具有流动性、阶段性、系列性的运作程序。从时间和过程的角度来看，决策支持最重要的就是能看出"大势所趋"和"人心所向"，发现代表未来的萌芽，并使其构成未来发展的阶梯。

（四）推动决策方式智能化

在存在决策博弈的背景下，智慧彼此消解或损害，造成智慧耗费甚至是浪费。要想更好地超越人类智慧的"巴比伦塔"，人们应尽可能借助现代化科学技术，尤其是大数据和人工智能，推动决策咨询理念的时代化、决策咨询目标的合理化、决策咨询体系的科学化、决策咨询方式的智能化、决策咨询功能的实效化。

三、努力提升智库专家咨政智慧

做好智库工作，要站在社会文明进步的前沿，做到"顶天""立地""有中气"，提升咨政智慧。

（一）能够"顶天"

所谓"顶天"，就是要有崇高的思想境界，心中有大局，眼中有人民。做智库不能谋私利，而是要服务于人类文明、中国发展、民族进步、体系建设。为中国人民谋幸福，为中华民族谋复兴，是中国共产党人的初心和使命，也应该是所有智库专家的初心和使命。智库专家应该有突出的自我定位和价值要求，在出谋献策时，不是考虑领导想听什么，而是考虑领导该听什么，尽力提供最为科学合理可靠的咨询建议；同时，不是考虑群众想听什么，而是考虑群众该听什么，努力引导群众情绪和社会思潮走向。在当前背景下，智库专家尤其要认真做好三件事。第一，认清世界，读懂中国。从全球治理变局中看中国使命，同时确保中国始终行进在人类文明的发展大道上，善于自觉把握国际国内两个大局。第二，认清现实，把握未来。世界和中国的现实与未来之间是有差距的，要深度把握现实中存在的社会问题与社会矛盾，探寻其解决的可能路径，清晰地指出从现实走向未来的真实通道。第三，立足学科，超越学科。中国当前的学科体系高度分化，造成了知识结构和认知能力的片面化。从学术角度看，强化学科意识也许有助于开展专深研究，但从决策咨询和对策研究来看，强化学科意识会带来巨大的缺失。智库所面临的所有现实问题是高度综合的，对于当代世界和中国极度复杂问题的研究，绝不是单一学科可以独自完成的，需要多学科的合作与整合，必须既立足于学科又超越单一学科的局限性，实现以问题为中心的综合性把握。从思想境界上来看，要能够"顶住天"。咨政境界其实依托的是人生境界，中华优秀传统文化所主张的"立德""立功"和"立言"，对于当前中国智库努力提升境界追求，仍然具有重要的启发意义和引领作用。

（二）能够"立地"

所谓"立地"，就是立足于现实，脚下有大地，手中有数据。对于世界的学术研究可以有多种解释，但对于世界的合理改变只能有一种方式。决策咨询是服务于改变世界的，因此，只有科学地解释世界，才能指引人们合理地改变世界。为此，科学合理的决策咨询必须切实立足于现实生产和现实生活。当前我们所说的"立地"，就是要立足于人民群众对美好生活的向往，立足于中华民族伟大复兴的历史进程，立足于人类文明的发展大道，不仅能顺应还能引领中国和人类文明的发展方向。多年来，我们党着力破除官僚主义、形式主义等，因为尽管很多干部天天生活在实际中，却没有用心地去研究和体会实际，尤其是缺少对于中国社会现实各种情况的量化把握，大而化之，造成思想与现实的脱离，甚至出现思想与现实的隔离及背反。正是在这种意义上，习近平总书记反复强调"以人民为中心"，要求干部把人民放在心中最高位置，同时真正立足于现实大地，量化把握"大势之所趋"和"人心之所向"。

（三）能够"有中气"

所谓"有中气"，就是手里有"撒手锏"，有"硬功夫"，有"金刚钻"，真正做好对策和咨政研究。党的十八大以来，党中央不仅提出了国家治理体系和治理能力现代化的总目标，也提出了治理和治理能力现代化的具体要求。对于智库来说，就是要实现咨政能力现代化。决策咨询最忌人云亦云，而是应当有独到见解。为此，不同智库只有锻造自己的"看家本领""独特优势"，才能做到"有中气"。所谓"有中气"，就是能拿出领导看得见但不一定能够想得到的对策和建议，能说出群众感受得到但是不一定能够说出来的思想与建议，而且能够通过政策的产生和孕育发挥作用，拥有全程跟踪的能力，这样才能真正站在高处，持续地研究下去。

该是中国智库扬帆启航时[①]

东南亚地区近年来外部环境和国际地缘政治的发展趋势引人深思。该地区复杂的变化,不仅反映了全球政治经济格局的演变,也预示了未来国际关系的走向。因此,在全球大变局的背景下,智库的作用愈发凸显,其微妙性也愈发引人深思。同时,中国构建自主知识体系所面临的内外挑战,也是这个时代不可忽视的课题。

在海外,特别是在非西方的发展中国家,一个新兴的概念——"全球南方"正在兴起。这一概念不仅涵盖人们过去所说的第三世界,更体现了这些国家在全球格局中的新定位。"全球南方"的崛起,无疑会对国际政治经济格局产生深远影响。因此,关注这一力量的发展,并思考如何与之建立更为紧密的合作关系,具有极其重要的战略意义。

智库作为知识和智慧的聚集地,其职能具有多样性。海外智库中,一类代表政府行为,一类代表个别政党,还有一类是为满足企业对治理的需求而建立的。不同类型的智库在各自的领域发挥着重要的作用,共同构成了国际智库的丰富图景。随着时代的进步,智库已经从幕后走向前台,成

---

① 文章来源:该文是华中科技大学国家治理研究院成立十周年暨"中国自主知识体系构建与新时代智库使命"高端论坛上的发言摘录。

作者简介:翁诗杰,亚太"一带一路"共策会会长。

为影响国际事务的重要力量。智库依然是谋士们出谋献策的平台，但其角色在新时代必须变得更为积极主动，才能满足国家之需。

近十年来，从"一带一路"倡议到"三大全球倡议"，中国积极向国际社会提供公共产品。这不仅彰显了中国积极参与全球治理的用心与诚意，更在一些西方国家百般恫言"脱钩断链"、动辄"仇中反华"的叫嚣中，努力捍卫了全球多边合作机制。

与此同时，在引领一众新兴经济体和发展中国家以联合国宪章宗旨和原则为遵循、坚持共商共建共享的全球治理体制过程中，中国获得了广大国际社会，尤其是"全球南方"国家的认可，这是有目共睹的事实。中国推出的"三大全球倡议"，所彰显的"发展观""安全观""文明观""现代化观"，已从根本上对以美国为首的一众殖民主义国家所散布的相关观念价值进行了拨乱反正。对于广大"全球南方"国家来说，这是建立价值自信、剔除心态殖民的关键一步。同时，一些新兴国家在经济上也必须致力于寻求独立自主，摆脱原宗主国和殖民主义者遗留的财团制约。这是当前我们需要共同面对并努力解决的问题。

在这种大环境下，构建中国自主知识体系显得尤为重要，也不可避免要经历一段时间的探索。十年来，中国在向世界贡献公共产品方面表现出很高的积极性。然而，研究议题和关注层面上的资源分配仍需进一步优化，以避免低效的资源扭曲。当前，中国智库林立崛起，宛若雨后春笋，这无疑是个好事。但如果能进一步细化分工、明确研究方向和目标，或许能够取得事半功倍的效果。此外，在努力构建中国自主知识体系上，中国智库不应止步于国别研究与议题探讨的传统角色，而应实现多重功能角色。

在当前的国际舆情和地缘政治博弈下，除了固守原有的职务功能，中国智库不妨考虑涵盖多层面功能，如公共外交和带动舆情等。

总结国外相关经验可以发现，智库是推动学术交流和人文交流、引导国际舆情和带动议题风向的理想平台。公共外交离不开"二轨外交"（即非官方外交）。智库外交不一定要由外交官主导，灵活的智库外交可深入对接非官方的社会各个阶层。此时此刻，我们需要深耕的是"一带一路"沿线国家人民对我国的观感。唯有争取这些国家人民对我国的正向观感，我们才能有效规避其他国家"多党民主"选举所带来的风险。

在引导国际舆论、言论风向方面，中国面对的是西方资本掌控的国际媒体。现阶段中国备受遏制、打压、扭曲。中国要在此框架下突围，就必须善用自家智库，巧妙地带动言论风向，进而引导舆论。这需要多个智库相互呼应、聚焦发声。在这方面，智库的连线外交是关键的铺垫。近年来，中国若干涉外的智库竞相建立国际智库联盟，这自然是可喜的。然而，建立智库联盟并不意味着大功告成，相反，这正是向外发展的新起点。国际智库联盟的建立虽然对我国智库的主场外交有加分作用，可再多的论述也难以走出主场，根本影响不到国际舆论，更遑论引导国际舆论。倘若中国智库能通过这类国际智库联盟走出国门，并在境外与友好的智库伙伴联办论坛活动，相信任何掷地有声的论述都会得到当地社会知识界的关注与传扬。

在选题方面，中国与近邻东盟乃至整个"全球南方"，在全球治理的框架下，命运休戚与共，不愁没有切身论题。从"一带一路"倡议的高质量发展到"三大全球倡议"的普及，从全球治理的革新到人类命运共同体的落实，从"全球南方"的横空崛起到金砖国家的前路探索，中国智库的"出海"对接，实则也为自己积累了更多的海外论述与智慧。

当前，中国（海南）改革发展研究院和粤港澳大湾区研究院已向马来西亚迈出了第一步，为中国智库进军海外谱写了新篇章。亚太"一带一路"共策会作为海外的合作方也会坐言起行，为中国智库的"出海"献上绵力。

高水平对外开放视域下的智库角色[①]

党的二十大报告指出,"中国坚持对外开放的基本国策,坚定奉行互利共赢的开放战略""推进高水平对外开放"。新型智库要做好高水平对外开放的直接参与者与服务者。党的十八大以来,我国实行更加积极主动的开放战略,形成更大范围、更广领域、更深层次的对外开放格局。新型智库积极参与并服务于中国的高水平对外开放,可以从战略研究、政策建言、人才培养、舆论引导、公共外交等方面入手。

第一,积极开展国际问题、全球治理以及中国外交战略的前瞻性研究。人类发展到今天,虽然和平、发展、合作、共赢已是人心所向、大势所趋,但是一些国家恃强凌弱、零和博弈的霸道行径危害深重,"和平赤字""发展赤字""安全赤字""治理赤字"加剧,人类社会面临前所未有的挑战。世界又一次站在历史的十字路口,我们必须思考并回答"世界怎么了、我们怎么办"这一事关人类前途命运的根本性问题。这主要包括两个层面的研究。一是站在世界的角度,洞察当今世界面临的诸多问题并思考出路,例如全球气候变化与可持续发展。面对这些问题,新型智库必须积极开展研究、反思根源,并对人类可持续发展进行战略性思考和前瞻

---

① 文章来源:《中国社会科学报》,2023 年 4 月 6 日第 2 版。

作者简介:杜志章,华中科技大学华中智库副院长、国家治理研究院副院长。

性谋划。二是站在中国的角度，分析世界百年未有之大变局给中国带来了哪些机遇和挑战。当越来越多的全球性问题威胁到人类的生存和发展时，中国智慧与中国方案将会发挥越来越重要的作用。因此，新型智库要为中国如何抓住机遇、迎接挑战，积极参与全球治理并推动全球治理体系变革出谋划策。

第二，为各级各类对外开放主体提供决策咨询。中国的对外开放，有国家层面，也有地方层面；有政府层面，也有企业层面；有官方外交，也有公共外交。各级各类智库要进行专业性研究，对形势做出研判，并提出外交活动的最佳方案。在各类国际会议举办前，新型智库要就中国将如何利用这一系列国际会议表明中国立场、阐述中国主张等问题开展前期研究，并提出意见和建议，充分发挥决策咨询的重要功能。

第三，培养高水平国际化智库人才。智库要参与或服务于高水平对外开放，必须有较强的国际化能力，其核心是培养或引进具有国际化视野和国际化能力的高水平智库人才。这里的"国际化视野"就是站在全世界、全人类的高度认识和分析问题，用国际比较视角和方法研究问题，善于学习借鉴国际经验和人类一切优秀文明成果；这里的"国际化能力"是指顺利参与国际交流与国际合作的能力，包括用外语演讲、在国际学术刊物或国际媒体用外文发表文章的能力。

第四，助力中国主导的话语构建和国际传播。智库不仅要参与中国特色哲学社会科学学科体系、学术体系和话语体系的构建，还要在对外开放或国际交往方面积极开展中国主导的话语体系的构建和传播，即通过智库开展国际交流与对话、举办国际会议、设置国际议题、在国际刊物或国际媒体发表文章，为中国的高水平对外开放做好舆论引导。

第五，积极开展以智库为主体的公共外交活动。智库作为"思想坦克"，在中国的高水平对外开放中发挥着"开路先锋"的作用：一方面，智库作为非官方机构参与公共外交，无论是时间、空间还是交往的形式，都更加灵活；另一方面，智库作为思想库即"智慧的大脑"，更善于参与公共外交，能够更好地为中国的高水平对外开放铺路架桥。

中国自主知识体系构建

中国自主知识体系构建与智库使命[1]

当前,中国智库的发展面临的已不再是是否要发展的问题,而是如何更好地发挥作用的问题。在输入、输出和管理层面,智库研究仍有较大的提升空间。

美国的一份研究报告明确指出,智库就是武器,准确深入的分析报告,甚至可能成为影响外国政府、非政府组织、新闻媒体及其他机构观察和分析问题的重要武器。实际上,美国已经实施了多项针对他国的攻击行动。美国的研究报告早已阐明了智库作为一种武器的意义,明确指出美国具有生成官方分析报告和数据库,并利用这些报告来应对外部威胁的独特能力。美国特别强调利用这些报告来应对俄罗斯和中国带来的威胁的重要性,并详细阐述了分析报告和数据库在国际竞争中的作用。乌克兰危机中的俄乌冲突牵涉到金融、科技和人工智能的武器化。在大国竞争中,任何能对他国造成影响的东西都可能被视为武器,智库也不例外。以报告、信息和数据为武器,主要目的是改变目标国家的认知。中美之间发生军事冲突的可能性较小,但在认知战中遭受"洗脑"的风险已经显现。然而,绝大多数学者却对此毫无察觉。智库学者需要超越传统的文本主义研究,投身于新

---

[1] 文章来源:该文是华中科技大学国家治理研究院成立十周年暨"中国自主知识体系构建与新时代智库使命"高端论坛上的发言摘录。
作者简介:王文,中国人民大学重阳金融研究院执行院长。

时代的全球认知战，通过知识生产和日常工作来增加"无硝烟"的变量，助力构建自主知识体系。

美国在全球认知战中表现出色。其通过人工智能技术的不断更新，以认知科学为前沿、以数据算法为战略逻辑改变认知的大国行为样式已成为21世纪第三个十年的新趋势。乌克兰危机被视为认知战与军事冲突相结合的首个典型案例。2017年9月，美国空军前参谋长首次提出了认知战的概念。2019年12月，哈佛大学两位学者将认知战定义为专注于改变目标人群思维方式并以此改变他们的行为方式的战略。最近几年，北约对认知战的研究日益深入，目前已有13份可查阅的报告。法国召开了多次国际学术会议讨论认知战。美国战略司令部发布的战略报告将认知纬度作为现实和虚拟之外的第三个维度，并在2022年6月的一次北约会议上，直接说明认知战主导着未来。在西方智库看来，认知战已经成为一个新的战场。美国和一些西方国家利用人工智能技术、数据算法，通过各种日常手段，如公共外交、学术交流、报告发布、数据分享、文化艺术、社交媒体、书籍出版、视频图片等，来实施攻心战略，争夺并武装民意，在全球大国竞争中发挥影响力。

认知战比媒体战更深入，也更具进攻性和破坏性。认知战的目标不仅是迫使敌人遵从自己的意愿，而且是让敌人内部自我毁灭，使其无法抵抗、无法阻止外部侵略。从这个角度来看，美国智库正在降低中国智库的能力，而中国智库甚至不知道自己正在遭受降维打击。美国智库利用中国智库的搜索数据、整理资料等低门槛低成本手段，塑造有影响力的武器，并利用多种途径将这些信息传递给战略目标对象，以制造社会的疑惑、失望、焦虑和恐慌情绪。近年来，美国炮制了多个关于中国经济、新疆、西藏、香港、台湾等"问题"的研究报告，特别是一系列中国负面经济数据、中国发展顶峰论、中国崛起终结论等片面报告，都是有预谋、有策划地干扰中国经济的一部分。这些报告不仅干扰了中国国内经济的发展，还影响了外资的流向和中国经济的发展。近年来，受中美贸易战、科技战和金融战的持续影响，美国等国家对中国发展的批评和攻击与日俱增。

要解决这些问题，首先，我们要解决"挨骂"的问题。中共中央办公厅、国务院办公厅印发的《关于加强中国特色新型智库建设的意见》中提到，"树立社会主义中国的良好形象，推动中华文化和当代中国价值观念走向世界，在国际舞台上发出中国声音，迫切需要发挥中国特色新型智库在公共外交和文化互鉴中的重要作用，不断增强我国的国际影响力和国际话语权"，就是要解决"挨骂"的问题。解决"挨骂"这一问题需要全民参与，这不仅是个人的责任，也是整个智库界应当共同承担的使命。我们必须加强沟通与交流，积极传播正面声音，共同营造理性、和谐的社会氛围。其次，我们需要持续推进对外交流管理的制度化开放。通过加强国际交流，我们可以更好地了解和应对国外的挑战。这在全球化时代尤为重要。最后，我们需要注重人才的培养。在全球认知战的严峻形势下，智库必须有所感知，必须培养人才。

新时代智库必须自觉担当构建中国自主知识体系的历史使命①

本文重点阐述新时代智库如何担当起构建中国自主知识体系的历史使命。

第一，明确新时代智库的定位。在新时代的征程中，智库作为思想策源地与智慧高地，其定位与使命愈发凸显。新时代智库应该具备四个定位，即提供政策咨询、开展学术研究、扩展社会服务和走向国际舞台。特别是在习近平总书记提出新质生产力和新质战斗力的背景下，智库作为国家治理的重要支撑，更应展现新质的科研能力，成为推动社会进步的重要力量。

第二，必须正确理解中国自主知识体系构建与新时代智库使命的关系。构建中国自主知识体系是习近平总书记2022年4月25日在中国人民大学考察时提出的重要要求。这是对如何构建中国特色哲学社会科学的具体化，也是推动中国在新时代发展和进步的重要举措。构建中国自主知识体系不

---

① 文章来源：该文是华中科技大学国家治理研究院成立十周年暨"中国自主知识体系构建与新时代智库使命"高端论坛上的发言摘录。

作者简介：杨宜勇，国家发改委市场与价格研究所前所长、中国宏观经济研究院二级研究员。

是简单地复制中国的历史文化或西方的现代观念，而是将马克思主义基本原理与中国的具体实际相结合，并融合中华优秀传统文化。新时代智库的使命就是支持这一知识体系的构建和发展。智库的强大与否关系到国家的强大与否。新型智库需要通过对国家治理和全球治理进行跨学科和跨领域的综合研究，推动中国自主知识体系不断发展和完善。加快中国自主知识体系的建设对于解释中国实践和中国经验在国际舞台上的展示具有重要意义。我们不能对西方所谓的"批评"声音听之任之，而应当有力地回击。构建中国自主知识体系需要立足中国的实际，解决中国的问题，并在此基础上繁荣中国的学术、发展中国的理论、传播中国的思想。中国自主知识体系的建设旨在推动中国的学术独立和自主创新。其核心是打破对中国自主知识体系的怀疑论和虚无论，以文化自信和文化自觉来戳穿西方的"批评"和论断。

第三，构建中国自主知识体系包含以下关键要素。一是回答重大理论和实践问题。二是立足中国的实际、解决中国的问题。三是体现中国特色，重构社会科学的范式。四是坚持系统观念，创新概念、理论和方法，不能仅仅追随别人的脚步。五是高度自信，确立基于中国发展和治理的叙事逻辑和方式，同时为全球知识体系的多元发展做出贡献。构建中国自主知识体系的关键是树立新时代的新国学，不仅要在国内赢得认知战，而且要在国际上赢得认知战。

为加快建设新时代高端智库，本文提出以下具体建议：一是明确目标定位，抓大放小；二是加强人才培养；三是促进国内交流；四是提高研究质量；五是强化政策支持；六是推动创新发展；七是加强国际合作；八是建立评估机制；九是提高社会影响力和国际影响力；十是数据驱动，积极适应大数据时代的发展趋势。这些建议旨在推动智库在新时代背景下的转型升级和高质量发展，为中国自主知识体系的构建和发展提供有力支撑。

总体而言，中国自主知识体系的创造和发展，不仅是中国高端智库的共同使命，也是推动中国全面崛起的重要支撑。中国自主知识体系的创造和发展需要中国高端智库的共同努力，中国的新型智库应尽快形成自主知识体系的科学共同体，共同制定规划，共同完成答卷。

当前我国自主知识体系构建的时代呼唤、资源选择与价值取向①

为何要推进自主知识体系建设？自改革开放起，中国就积极拥抱世界，引入西方理论并利用其解决当代中国的问题，取得了巨大成就。然而，我们在引进思想理论、结合发展中国特色社会主义道路的基本原则付诸实践时，也产生了一些困惑，面临一些挑战。有人担忧市场经济的发展偏离正轨，也有人对马克思主义在当代中国如何持续发挥指导作用心生疑虑。在当前的时代背景下，如何构建中国的自主知识体系确实是一个值得深入探讨的议题。有人认为此举会让我们闭关自守、与外界隔绝，不再学习和借鉴各类外来思想，我却不以为然。

首先，关于时代呼唤之问题。时代呼唤指的是全球化与中国式现代化转型期间所呈现的新战略及新态势。当前，全球化正经历深度转变，这是我们应该关注却未予以充分关注的现象。传统的全球化模式在第二次世界大战后形成，各国在西方发达国家主导的世界体系中发展。然而，随着时间的推移，特别是近三十年来，传统的全球化模式面临挑战。以美国为例，其正逐渐舍弃传统的全球化思想及实践路径。在此背景下，中国及一批发

---

① 文章来源：该文是华中科技大学国家治理研究院成立十周年暨"中国自主知识体系构建与新时代智库使命"高端论坛上的发言摘录。

作者简介：欧阳康，华中科技大学国家治理研究院院长、二级教授。

展中国家于非殖民主义背景下，借助传统全球化的实现和发展，形成了新的世界格局，诸如金砖国家等。这些国家的现代化道路既借鉴了先行国家的经验，又依据自身地域、历史、经济、文化特征等探索出独特的发展道路。中国的发展道路是否已形成一种模式尚待讨论，但无疑其已呈现出新型全球化的特征。我们坚持以公有制为主体、多种所有制并存的经济制度，实行经济调节和政府宏观调控并举；在政治上，我们坚持党的领导、人民当家作主和依法治国。这些并非西方现代化的简单延续，亦非对苏联模式的照搬，而是一条独立而又与世界紧密相连的发展之路。在转型过程中，我们面临着道路、理论和思想上的困惑。全球认知战正酣，各国都在重新认识世界与自我。中国亦须反思，以在混乱的世界中寻觅方向。此种混乱，习近平总书记称之为"世界百年未有之大变局"。而这百年未有的变化中最为根本的乃是思想理论的变化。因此，时代呼唤中国自主知识体系的创立，实则是对中国发展道路的自我解释与理论总结。既有的知识体系无法完全解释中国的发展，我们必须从自身出发予以解释。同时，我们亦要明晰，以其他知识体系来观照中国，往往仅能看到中国的局部而非全貌。我们的发展几乎融入了世界上所有的知识体系，但在此基础之上，我们需要构建自己的知识体系，以更好地指引未来的发展。这并不意味着我们要与外界隔绝，相反，我们应该在开放中创新、在借鉴中发展，构建兼具中国特色且与世界接轨的知识体系。

其次，关于资源选择之问题。此议题也由来已久，往昔我们主要依仗马克思主义现代化理论、社会主义理论以及文化理论等资源。这些思想资源固然有效，但必须持续中国化、时代化，以丰富其内涵。我于2007年发文探讨中国文化之资源选择与价值取向，现今此问题愈显突出。中国当下所面临的关键问题在于如何从众多资源中选择适宜当下发展的元素。任何资源皆不可直接施用，必须根据中国的国情进行重新塑造与深度转型。此亦适用于马克思主义的中国化、时代化。我们之所以需要习近平新时代中国特色社会主义思想，恰因其继承了毛泽东思想、邓小平理论、"三个代表"重要思想、科学发展观，社会主义理论亦经历了多个阶段的演变。中国特色国家智库的建设，彰显了社会主义的本质特征。在2023年的中国哲学社会科学研讨中，有关现代化的理论呈现出多种形态。如何把握真正意义上的现代化及其共同特征与中国特色的问题，成为我们关注的焦点。原先，部分人认为传统文化已过时，也有部分人认为中国传统文化可以直接解决中国当代问题，然而实践证明并非如此。习近平总书记提出，推动中华优秀传统文化创造性转化、创新性发展。这为中国式现代化的文化根基提供了解决之道。在资源选择的问题上，我们应以当下与未来中国的发展为核心价值，选取能够融入新体系的理论元素。

最后，关于价值取向之问题，即智库应如何确定其价值取向，如何助力中国式现代化，如何推进强国建设和民族复兴伟业。就此，我提出以下建议。一是保持开放心态。创立自主知识体系，并非意味着闭关自守，而是秉持更加开放的心态。自主乃于比较中产生，此种自主并非孤立、封闭或狭隘，而是开放、面向世界与未来。习近平总书记强调，改革开放只有进行时，没有完成时。这消除了自主知识体系偏离人类文明发展道路的误解。二是强化地域特色。在世界百年未有之大变局中，我们不仅要面向世界，还要保持战略定力。面对世界繁杂纷争，我们要始终站在中国人民、中华文化以及人类文明的立场看待问题。三是守住底线。当下，守住底线愈发重要。习近平总书记所说的"要坚持底线思维和极限思维，准备经受风高浪急甚至惊涛骇浪的重大考验"，正体现了此深刻含义。四是促进繁荣。中国智库的核心任务是激活经济社会活力，面对中华民族伟大复兴战略全局中的巨大困难，我们需要活跃市场、拉动消费、鼓励投资并推进科技创新。五是持续自主创新与面向世界。当前,自主创新已成为时代发展的必然选择,没有自主创新就没有中国的未来。同时,我们要充分认识到中国未来的出路在于更广泛、更深入地融入世界。华中科技大学国家治理研究院已为此做出诸多努力,国际社会对中国的观察也在逐渐改变。面向世界,不仅是所有学者共同努力的方向,也是中国智库的希望,更是中国的期待。

论智库与决策层的良性互动[①]

党的十八届三中全会提出,加强中国特色新型智库建设,建立健全决策咨询制度。2014年10月27日,中央全面深化改革领导小组第六次会议审议了《关于加强中国特色新型智库建设的意见》。习近平总书记强调,"我们进行治国理政,必须善于集中各方面智慧、凝聚最广泛力量。重点建设一批具有较大影响和国际影响力的高端智库,重视专业化智库建设"。为响应中央号召,全国各级各类智库如雨后春笋般涌现。2016年12月17日,南京大学中国智库研究与评价中心和光明日报智库研究与发布中心合作开发的中国智库索引(CTTI)显示,首批收录的智库多达489家,尚有众多具有智库功能的机构未纳入索引。可见,中国智库的数量已相当可观,但中国智库的影响力有待提升。如何充分发挥智库的功能、增强中国智库的影响力?笔者认为,厘清智库与决策层的关系、促进智库与决策层的良性互动是关键。

[①] 文章来源:《智库理论与实践》,2017年第1期,第92-94页。
  作者简介:欧阳康,华中科技大学国家治理研究院院长、二级教授;杜志章,华中科技大学华中智库副院长、国家治理研究院副院长。

一、厘清智库与决策层的关系

智库是为决策服务的，智库与决策层应该是一种供求关系，供求双方相互依存又各自独立。智库与决策层不能是同质的，智库也不应是决策层的附属机构。同时，智库的职能不是揣摩决策层喜欢听的，而是研究决策层应该听的；不是对决策层的观点和言论做注解，而是用科学合理的观点影响决策层的思想和言行。因此，智库与决策层相比，应该站得更高一些，看得更远一些，想得更深一些，做得更实一些。

具体而言，智库应该与决策层保持如下三种关系。

（一）智库当在决策层之"下"

所谓"下"，就是下到基层、深入实际。事实是决策的依据，调研是掌握事实的前提。然而，决策层一些调研往往流于形式、浮于表面。与之相反，智库学者的调研往往更"接地气"，更容易接触群众的普通生活。只有与广大群众打成一片，才能真实地了解当地问题，真切地了解群众的愿望。只有找准了问题、掌握了群众的真正需求，才能做到有的放矢，有针对性地提出解决问题、满足群众需求的决策建议。

（二）智库当在决策层之"中"

所谓"中"，就是换位思考、置身其中。智库虽有扎实的学术基础，有系统的思想和理论，但缺乏实际工作经验，往往不知道决策层是如何进行决策的，也常常不知道决策层已经做了哪些决策、还需要哪些决策支持，因此智库学者要么提不出可行的意见或建议，要么只能"纸上谈兵"、不切实际。如何使智库深入决策层之中呢？比较有效的做法是，派遣智库研究人员到省、地、市、县、乡各级决策部门挂职锻炼，通过观摩或真实参与决策过程,了解决策部门工作实际,掌握决策程序。同时,积极拓展渠道,通过政协提案、人大提案、决策支持顾问委员会建议等形式,发挥研究人员的参政议政职能,积累其实际决策经验。研究人员广泛的参政议政实践、对决策程序的掌握、对决策层需求的了解,有助于其提出有针对性和可操作性的决策建议。

(三)智库当在决策层之"上"

所谓"上",就是有宏观视野、超越"当局者迷"。智库的职能虽然是为决策层服务,但绝不应沦落为决策层的附庸,更不应变成决策层已有思想观念的"宣传队"和"播种机"。智库不仅要在体制和机制上独立于决策层之外,还要在思想、观念、视野和方法等方面有一定的超越性,即超越现实的、直接的、功利的和各种场景的束缚,考虑更加宏观的、长远的、全面的、带有理想意义的问题,提出具有创新性、战略性、全局性、前瞻性的决策建议。

二、促进智库与决策层的良性互动

畅通的渠道是智库与决策层良性互动的前提。智库要及时了解决策层的需求,及时指出决策层的问题,及时提供决策层所需要的建议方案,因此,智库和决策层之间必须有无障碍沟通渠道。目前,大多数智库没有建立起与决策层之间的沟通渠道,要么依靠学者自身的人脉关系或社会影响力,临时地随机地为决策层某个单位或领导提供意见和建议,要么闭门造车地在智库内部印发一些成果要报,智库生产力没有得到有效发挥;同样地,大多数决策层也没有与智库建立起有效的沟通机制,往往临时委托智库做一些研究课题,对智库成果也缺少合理的评估和采纳机制。虽然从中央到地方，各级决策层都有类似于政策研究室的机构，但其主要职能是为领导在各种场合的讲话准备材料，其本身很难说是严格意义上的决策性智库，也难以成为连接智库与决策层的桥梁。只有构建智库与决策层之间畅通的沟通渠道，良性互动才有可能实现。具体而言，智库与决策层的良性互动包括如下几个方面。

（一）"问题"与"解决问题"，即智库通过调查研究，了解问题并为决策层提供解决问题的方案

与一般研究机构一样，问题意识是智库的根本意识。问题是研究的出发点，解决问题是研究的归属。如果说一般研究机构的重要任务是发现问题和解释问题，那么智库的重要任务就是解决问题。那么，问题从何而来？一是决策层在决策过程中所遇到的资料不充分、事实不确切、前景不清晰等难以决策的问题；二是事关国计民生的重大理论或重大现实问题。面对问题，决策层要善于利用各方面的智慧，凝聚各方面的力量，把问题转化为课题，委托相关智库开展研究，并广泛征集解决问题的方案；智库也要善于凭借扎实的学术基础、实事求是的调查研究、高瞻远瞩的宏观视野和战略思维，为决策者提供切实可行的解决问题的方案。

（二）"前瞻"与"预后"，即智库通过前瞻性研究，帮助决策层防范风险、应对危机，实现可持续发展

在当前党政领导干部职务任期制下，决策者特别是有些负有决策责任的领导者往往对一个地方的历史、现实和未来缺乏整体把握，再加上不正确的政绩观的存在，一些领导者只顾其任期内的绩效，对其离任后是否会留下问题不大关心。这必然会带来发展的不可持续性，甚至会因为短视决

策而造成严重的资源浪费或自然环境的破坏。相较而言，智库的研究团队稳定，因在某一领域的长期研究或对某决策层的长期跟踪，易于把握事物发展的趋势，能够做出前瞻性判断。因此，决策层需要与相关智库建立长期合作机制，在做出重大决策之前广泛征求智库学者的意见，充分利用智库的稳定性优势弥补决策者流动性的不足，确保政策的连续性，有效避免决策风险或各种危机，从而实现可持续发展。

（三）"脚踏实地"与"仰望星空"，即智库通过抽象和宏观研究，影响决策层做出具有长远性、全局性、战略性的重大决策

如果说决策层要忙于实务、脚踏实地，那么智库则应扮演畅想未来、"仰望星空"的角色。决策者长年处于决策一线，被眼前诸多任务束缚，埋头苦干，很容易忘记为什么出发，也容易迷失前进的方向。作为"旁观者"的智库，应当努力站得更高、看得更远、想得更深，提出更具长远性、全局性、战略性的决策建议。

因此，决策层与智库的合作应注重优势互补，一方面，决策层可以通过集体学习、决策咨询、问题研讨等方式向智库专家学习和请教；另一方面，智库研究人员也可以通过决策建议、资政报告等方式向决策层建言献策。决策层与智库应构建紧密联系、频繁互动的机制，共同谋划，制定并实施既符合现实情况又有宏伟目标的重大决策。

总之，智库与决策层之间要实现良性互动。决策层要重视智库建议，并根据智库建议做出科学决策，继而产生对智库的依赖性；智库在服务决策层的过程中，要提出大量有价值的决策建议，对经济社会发展发挥积极作用，继而激发智库服务决策层的积极性。

新时代国际关系与新型智库使命[①]

在新时代的征程中出现了多个具有历史意义的十周年节点。例如,总体国家安全观提出十周年、"一带一路"倡议进入第二个十年、重要的战略伙伴关系构建十周年等。在这些重要背景下,本文围绕新时代国际关系的发展脉络以及新型智库所肩负的使命进行论述。

从历史角度看,新时代的国际关系呈现前所未有的特征。与以往相比,新时代的国际关系更为波澜壮阔、丰富多元。这主要表现在以下两个方面:一是新的理论创新层出不穷;二是新的实践探索不断涌现。2012年以来,以习近平同志为核心的党中央提出了一系列新理念、新思想、新倡议,如新型大国关系、亲诚惠容周边外交理念、人类命运共同体理念、全球文明倡议、全球发展倡议、全球安全倡议等。这为我们理解新时代国际关系提供了全新的理论视角和实践路径。

观察新时代国际关系有以下三个视角。

第一个视角是大国实力对比。今天的中国拥有的历史自信,正源自在新时代取得的巨大历史性成就,这是不容忽视的事实。这些成就涵盖多个领域,党的二十大报告提到我国16个方面的历史成就与显著进步,包括

---

① 文章来源:该文是华中科技大学国家治理研究院成立十周年暨"中国自主知识体系构建与新时代智库使命"高端论坛上的发言摘录。

作者简介:林宏宇,华侨大学副校长、教授。

制造业、货物贸易、研发人员等系列世界第一。此外，中国已经进入创新型国家行列，不仅在发展规模数量上取得了显著成绩，而且在发展质量上达到了创新型国家的标准。虽然还没有处于世界最前沿，但已经稳居世界领先位置，展现出巨大的发展潜力和强大的发展实力。

第二个视角是大国博弈。在当今时代，大国间的博弈异常激烈。在世界所有大国中，中国表现得最为出色与主动，成功掌握了大国博弈的主动权，成为维护世界和平的关键力量。可以说，中国是当今世界和平之锚。

第三个视角是全球治理。今天的中国正积极参与全球治理，是国际社会的基石。正如华中科技大学国家治理研究院欧阳康院长所说，中国的国家治理极具中国特色，正深刻影响着全球治理体系，对构建公正合理、更加民主化的国际社会做出了重要贡献。中国在当今全球治理中扮演着越来越重要的角色，发挥着越来越重要的作用。

当前，世界百年未有之大变局正加速向纵深方向推进。这里涉及两个新要点：一是"加速"，二是"纵深"。这标志着我国已经步入高质量发展的快车道和中华民族伟大复兴的加速期。在此背景下，中国特色新型智库将展现全新的作用，成为未来发展的重要推动力量，并将在多个关键领域有所作为。

首先，中国特色新型智库应更好地贯彻总体国家安全观。总体国家安全观是我国发展的基础，没有安全就没有后续的一系列发展，因此，总体国家安全观应是新型智库未来研究的重要领域。

其次，中国特色新型智库要努力构建具有中国特色的国家安全理论体系。中国特色国家安全理论与西方的国家安全理论体系有显著的区别。我国高度重视政治安全、人民安全与国家利益的统一。另外，我国高度重视统筹发展和安全的关系。从发展和安全这两个大局来看，世界其他大国的侧重点是不一样的。

最后，我国高度重视和平发展道路，以责任为担当，以人民为主体，以世界和平为使命，这些都是中国特色总体国家安全观与西方国家截然不同的地方，也是中国特色新型智库非常重要的研究方向。

高校智库建设

推进新时代中国式智库现代化建设的思考①

"推进新时代中国式智库现代化建设的思考"这个命题主要是基于智库如何适应、服从、服务党的二十大关于"中国式现代化"这一战略部署而提出来的。适应新时代要求、体现新时代特色、服务新时代实践,不断创新发展,是时代赋予智库的使命。

智库建设应当适应、服从、服务中国式现代化要求,审时度势、与时俱进地探讨中国式智库现代化建设问题。中国式智库现代化是一个既具有理论性又具有实践性的重大命题。根据不同历史时期实际情况进行不同的探索和实践,及时对以往的经验进行总结和升华,是我们党取得成功的重要经验。提出中国式智库现代化,既是对中国特色新型智库建设的理论探索、对中国特色新型智库实践的总结,也是对未来中国智库发展方向进行的展望和规划。

我首先对中国智库十年来取得的重大进展做一个简要回顾——这个回顾主要是为了总结智库发展经验、明确智库的发展方向和发展目标,然后对中国式智库现代化建设的一些重要问题进行探讨。具体包括以下几点:一是为什么要提出中国式智库现代化;二是中国式智库现代化的

---

① 文章来源:该文是华中科技大学国家治理研究院成立十周年暨"中国自主知识体系构建与新时代智库使命"高端论坛上的发言摘录。

作者简介:李国强,国务院发展研究中心公共管理与人力资源研究所研究员。

内涵、本质特征、发展趋势、发展路径、发展目标、发展任务，即中国式智库现代化是什么；三是中国式智库现代化与中国特色智库建设是什么关系，与智库高质量发展是什么关系；四是中国式智库现代化怎么建设，包括如何构建中国式智库现代化理论，如何推动智库的数字化、智能化建设等。

一、中国智库发展基本情况简单回顾

我们党一贯重视智库建设。建设中国特色新型智库，是党的十八大以来以习近平同志为核心的党中央立足新时代党和国家事业全局，作出的一项重大决策部署。2013年4月15日，习近平总书记在我们课题组（我是组长）报告上作出中国特色新型智库建设的重要批示，首次提出"中国特色新型智库"这一概念，吹响了中国特色新型智库建设的号角，智库建设迎来了春天，掀起了建设热潮。十年里，党中央、国务院制定了一系列重大政策，不断引领、推动、支持中国特色新型智库建设。十年里，智库体系、智库功能和制度逐渐完善，智库呈现出多元化发展、专业化提升、多层次协同、国际化拓展、体制机制"四梁八柱"逐渐完善的发展态势。

十余年来，智库发挥咨政建言、理论创新、舆论引导、服务社会、公共外交等多种重要功能，出思想、出成果、出人才，为各级党政部门决策提供了有益参考，为推动改革开放和社会主义现代化建设作出了重要贡献，在国家治理体系和现代化进程中扮演着越来越重要的角色。

同时，还要看到，智库建设还存在许多"不适应""跟不上"的问题，包括智库结构体系尚未形成、智库理论体系不完善、智库管理制度机制法治化不完善、智库咨政能力较弱、智库评价体系不健全等。其中，最为突出的问题是智库研究质量参差不齐，尤其是具有前瞻性、战略性、综合性、国际性的高质量成果还比较少。

总体上看,十余年来,中国特色新型智库建设可划分为起步快速发展阶段和进入高质量发展两个阶段。

二、中国智库建设进入中国式智库现代化新时期

(一)中国式现代化需要推进中国式智库现代化

中国特色新型智库发展是一个不断演进的过程。中国智库在经历多年发展后,随着中国式现代化和中华民族伟大复兴的深入推进,迎来了一个新的历史节点,进入了中国式智库现代化新时期。

中国式智库现代化是适应中国式现代化的时代要求、服务于中国式现代化的实践需求、基于中国式现代化的整体布局而提出的。中国式现代化建设要求智库进行现代化建设,不断推动自身创新发展。提出中国式智库现代化,体现了智库建设的主动性和创新性、实用性和针对性、战略性和整体性。在面对世界百年未有之大变局时,尤其是在当前世界变乱交织、全球政治经济形势更趋复杂的背景下,智库要能够正确阐释世界和中国发展形势及内在规律,不断回应和解决时代问题,在复杂的公共事务治理中发挥作用,为构筑中国高质量发展能力、改革创新能力、社会治理能力、数字治理能力和构建新的国际秩序提供智力支持。

(二)中国式智库现代化的基本概念、目标和任务、属性和特征等

1. 基本概念

中国式智库现代化是中国特色新型智库建设和发展过程中,适应、服

从和服务中国式现代化时代发展和国家治理现代化的需要，以中国特色为底色，立足于中国实际和推动构建人类命运共同体，实现智库体系现代化、能力现代化、治理现代化、价值现代化、方法现代化、功能现代化，实现智库高质量发展的过程。这些方面相互关联、相互促进，共同构成了中国式智库现代化的完整内涵。在这个过程中，智库需要具备跨学科、跨领域的研究能力，掌握先进的科研方法和手段，注重数据分析和证据支持，加强与国际社会的交流与合作等；智库需要建立在科学的基础上，遵循科学的规律和方法。

中国式智库现代化是一个具有深刻内涵的概念，具有中国特色和时代特征，它体现了中国智库在适应新时代要求、推动国家治理体系和治理能力现代化过程中的独特路径和鲜明特色。它不仅是中国智库自身发展的需要，也是中国现代化建设的重要组成部分。

2. 目标和任务

中国式智库现代化的目标和任务是建设中国特色、世界水平的现代智库体系，强调智库在推动科学民主依法决策、推进国家治理体系和治理能力现代化、推动经济社会高质量发展、提升国家软实力方面提供高质量智力支撑和发挥重要作用。

3. 属性和特征

中国式智库现代化的本质属性是适应、服从、服务中国式现代化的时代要求、实践需求、整体布局，以及创新研究方法与研究范式、实现功能的系统化与有效性；其具有政治性、客观性、实践性、专业性、系统性、创新性、合作性等特征。

4. 中国式智库现代化与中国特色新型智库建设的关系

中国式智库现代化与中国特色新型智库建设紧密相关，中国式智库现代化是中国特色新型智库建设的目标和方向，中国特色新型智库建设是中国式智库现代化的重要实践和载体。

5. 中国式智库现代化的建设路径

中国式智库现代化是一个全面、协调、可持续的发展过程，需要从多个方面入手，比如：加强党对智库工作的领导；完善智库高质量发展科学规划和顶层设计，充分考虑各种因素的综合影响，包括加强智库的统筹管理与制度设计，推动智库管理体制与行政决策机制改革，形成良好的智库发展制度和政策环境；加强咨政供需对接，强化智库职能与决策咨询实效；加大智库人才培养力度，推动智库创新发展和国际化发展；加强跨学科、跨领域的研究与合作；加大技术驱动与智库数字化智能化转型；注重智库文化积淀，形成中国特色智库文化。

三、构建中国式智库现代化理论体系

中国式智库现代化是一个具有时代性、理论性、实践性的艰巨任务，需要在实践中不断探索和总结，需要完善和创新中国式智库现代化理论体系。

（一）构建中国式智库现代化理论体系的必要性

当前，中国特色新型智库在实践中虽然得到了广泛应用，但是还没有形成一个完整的、系统的理论框架和逻辑体系，这导致智库的理论研究和实践应用之间存在一定的脱节。在智库自身的理论建设方面，仍然存在许多需要解决的问题。智库理论是指导智库实践和发展的基础，中国式智库现代化建设需要构建自己的理论体系，以指导其研究、组织和管理工作。构建一个全面、系统的智库理论体系是智库建设的重要任务，对于提升智库治理能力具有重要意义。

（二）构建中国式智库现代化理论体系的原则

构建中国式智库现代化理论体系是一个复杂而系统的任务，涉及多个方面、多个层次的内容。具体包括明确理论定位、结合实践需求、加强国际交流、完善评价体系、强化创新意识、理论更新与发展等。

1. 明确理论定位

首先，需要明确中国式智库的理论定位。这包括确定智库在国家治理、政策制定和社会发展中的角色和定位，以及智库应当如何服务于国家的整体战略和发展目标。其次，研究方法是智库进行政策研究和决策支持的重要手段，智库理论建设需要完善自身的研究方法论。最后，需要完善逻辑体系，以确保研究的深度和广度。智库的逻辑体系是智库在进行政策研究、决策咨询等过程中所依据的思维方式、方法论和分析框架，包括明确智库的研究定位、研究对象、研究方法、研究流程等，以确保智库的研究质量和效果。构建有效的分析框架是智库进行政策分析和建议制定的基础。这个框架应该能够全面反映政策问题的各个方面和因素，为智库提供清晰、明确的分析路径和解决方案。

2. 结合实践需求

智库的理论体系应该既具有深厚的学术基础，又能紧密结合实际，为解决现实问题提供有力的理论支撑。智库的理论体系设计应紧密结合实践需求，围绕国家重大战略和政策问题展开。在构建理论体系时，应注重融合中国特有的政治、经济、文化和社会背景等元素。这些元素是构建中国式智库现代化理论体系的基础和特色，也是区别于其他国际智库的关键所在。通过深入实践，不断总结经验、提炼理论，推动智库理论与实践的良性互动。

3. 加强国际交流

在构建中国式智库现代化理论体系的过程中，应加强与国际智库的交流与合作，借鉴国际先进经验，发挥智库的软实力功能和作用，提升中国智库的国际影响力。同时，要保持独立思考，形成中国特色智库理论。

4. 完善评价体系

为了保障中国式智库现代化理论体系的有效性和实用性，需要建立完善的评价体系。这包括对智库研究成果的质量评价、对智库服务能力的评价以及对智库影响力的评价等。通过评价体系的不断完善，推动智库理论体系的持续优化和发展。

5. 强化创新意识

在构建中国式智库现代化理论体系时，应具备创新意识，勇于突破传统思维的束缚，提出新的理论观点和研究方法。通过创新意识推动智库理论的不断发展和完善。

6. 理论更新与发展

智库自身的理论建设需要在实践中不断探索和创新、不断更新和发展。只有不断完善自身的理论体系、方法论和分析框架，智库才能更好地发挥政策研究和决策支持的作用，为党和政府、社会、企业提供更加科学、全面、系统的政策建议和解决方案。

（三）构建中国式智库现代化理论体系的一些重要问题

中国式智库现代化建设是一个长期而复杂的过程，需要在实践中不断探索和创新。

在中国式现代化的智库支撑上，需要明确中国式智库现代化的目标和任务，明确智库应如何为国家的现代化进程提供理论支撑和决策建议，如何构建适应中国式现代化需求的智库体系。

在智库与国家战略的深度融合上，需要明确如何推动智库与国家战略的深度融合，如何更好地服务于国家重大战略需求，为国家的发展提供智力支持。

在智库的国际影响力与话语权上，需要明确如何提升中国式智库的国际影响力和话语权，智库应如何参与国际交流与合作，为推动构建人类命运共同体贡献力量。

在智库的组织形式和管理方式上，探索智库的组织形式和管理方式是构建中国式智库现代化理论体系的重要内容，直接关系到智库的运行效率和研究成果的质量。

在智库的数字化、智能化转型与创新上，需要明确如何推动智库的数字化、智能化转型和创新发展，如何利用现代信息技术提升智库的研究能力、服务水平和影响力。

在智库的社会责任与公众参与上，需要明确智库如何更好地履行社会责任，如何加强与公众的沟通与互动，提高智库的社会认同度和影响力。

在构建中国式智库现代化的评价体系和标准上，需要建立科学的评价机制和方法，对中国式智库的研究质量、影响力和国际化水平等进行全面、客观的评价。同时，还需要制定相应的标准和规范，确保智库的研究和行为符合法律法规以及国际准则的要求。

在推动中国式智库积极参与全球治理体系的建设和发展上，需要明确如何加强与国际组织和其他国家智库之间的交流和合作，共同应对全球性挑战，为推动构建人类命运共同体贡献中国智慧和力量。

总之，我们对于中国式智库现代化需要从多个角度进行思考和探索，既要注重理论研究和实践经验的总结，也要注重与国际社会的交流与合作。只有这样，才能推动中国式智库现代化建设不断向前发展，为中国式现代化提供有力的高质量的智力支持。

新时代智库的实践探索与未来面向[①]

2022年5月,湖南省委决定把原湖南省政府发展研究中心研究职能划入湖南省社会科学院,加挂省政府发展研究中心牌子。从全国来看,事业单位性质的省社会科学院与参公单位省政府发展研究中心整合设置,既有成功的典型也有失败的案例。我们通过两年的探索,大力推动流程契合、运转磨合、部门结合,较为顺利地实现了由"物理融合"向"化学反应"的转变,形成了"一院两制"的独特模式。两个智库合并以来,原创成果持续涌现,2023年提交了160篇报告,批示率高达85%,综合批示率达到141%。这些成果的取得,主要得益于以下几个方面的因素:一是定期举办选题策划会,根据省委省政府需求确定选题;二是建立快速反应机制,迅速响应决策需求;三是采取严格的质量控制措施,确保发布的报告达到高质量水平;四是实现集体研究,避免个人行为的局限性;五是大力推进理论与实践的双向奔赴,做有思想、有理论支撑的智库研究。

近年来,我国智库研究水平迅速提升,但也仍然面临一些挑战。

[①] 文章来源:该文是华中科技大学国家治理研究院成立十周年暨"中国自主知识体系构建与新时代智库使命"高端论坛上的发言摘录。

作者简介:周湘智,湖南省社会科学院(湖南省人民政府发展研究中心)政策研究与智库建设部部长、研究员。

首先是研究报告的数据和观点精准度、可靠性问题。尽管许多报告结合了模型、调研和数据,但其准确度、与实际的贴合度究竟如何,智库专家敢不敢"拍胸脯"保证自己报告结论的准确性,仍有待确证。

其次是智库数字化转型的推进与大额投入的风险问题。一方面,智库的数据库与智能决策系统建设至关重要;另一方面,信息技术发展与人工智能技术迭代非常快,通过财政或自有资金投入大量资金建成的系统是否先进、是否好用,很难保证。这里就涉及智库负责人的决策风险问题,不少单位因此陷入进退两难的境地。

最后是数据分享困难的问题。缺乏数据将导致研究难以深入,但数据的分享与获取又极为不易,就连公安等部门共享其他部门的数据都较为困难。此外,我国智库经过十多年的高速发展,既培养储备了一大批优秀智库专家,但同时也有不少专家学者智库研究的热情明显减退,不少人没有了当初的新鲜感,还有一些人难以胜任智库研究任务与文本写作,选择退回书斋。

对于下一步的发展,我在这里提出以下几点建议。

首先,提升智库管理与运营水平。这一点至关重要。智库研究与学术研究有很大的区别,比如,智库研究特别讲究需求导向、快速反应与团队合作,最适宜的文化应当是有组织的科研文化,需要实行"半行政化"管理,高校目前这种相对宽松自由的环境与智库研究需要存在一些不太适应的地方。

其次,坚定不移地推进数字化转型。尽管建设过程中可能会有这样那样的问题,但"箭在弦上不得不发",只有勇敢地尝试、持续地深化,才会达到真正想要的效果。

再次,高度关注社会上以及自媒体恶意"(抹)黑智库""(抹)黑专家"的问题。一方面,智库专家要爱惜自己的羽毛,不跨界发声、不轻率得出结论；另一方面，智库共同体要引导公众客观看待专家的作用。必须认识到，主流的专家群体一直在党和国家科学决策中发挥着不可替代的作用，只是越重要的领域专家，往往越不能随意发表言论。同时，判断一个智库专家是否优秀，要理性全面地看，不能只盯着少数奇葩异类甚至套牌专家的偏激观点而无限放大。

又次，高度重视智库人才培养、培训与储备。智库人才培养与学术培养之间存在较大的差异，智库人才特别强调综合知识储备、快速学习转化能力以及对实践、对政治、对政策的熟练把握，尤其要会写智库研究报告，而不一定特别强调博士等"头衔"。

最后，经过多年实践，构建我国自主知识体系的智库建设理论体系已经到了"奇点"时刻，智库同行要共同努力，朝着建设现代智库方向，形成中国智库学知识、智库学理论、智库学体系。

以具有经验质感的理论研究服务学科建设和国家治理[①]

在当前国家追求高质量发展的宏大背景下,高校智库作为知识创新的重要阵地,也肩负着实现高质量发展的历史使命。高校智库以其独特的学术底蕴和资源优势,在服务学科建设和国家治理的道路上,发挥着不可替代的作用。然而,如何发挥其独特作用,如何与其他类型的智库形成有效的合作,以及如何在满足学者发展、学术研究和学科建设等多重任务中寻求平衡,成为亟待探讨的课题。

对多年的智库建设经验进行总结提炼,高校智库具有鲜明的"四远三近"特点。相对于党政机关内部的智库来说,高校智库离决策者较远。智库需要为决策者提供参考,以辅助其决策过程,而与决策者较为接近,智库才能知道决策者的关注点、重要工作以及正在考虑的事项。同时,对于智库而言,深入了解政策建议的约束条件和可行性也至关重要。只有与决策者保持较为紧密的联系,智库才能更好地理解哪些资源、组织、能力对于政策建议的实施是可行的;相反,智库如果离决策者较远,对这些问题的理解可能会相对肤浅。

---

① 文章来源:该文是华中科技大学国家治理研究院成立十周年暨"中国自主知识体系构建与新时代智库使命"高端论坛上的发言摘录。
  作者简介:管兵,华南理工大学国家治理研究中心执行主任。

相对于企业组织的附属智库，如今大型企业和高科技公司都设有自己的内部研究智库，以整理各个行业的发展情况及其与政府决策的关系。企业智库与市场关系密切。高校的内部智库规模较大，但在研究产业政策和经济运行时，相对而言离市场较远。这意味着高校智库在捕捉新的国内外议题、现象、新闻和热点问题方面存在一定的滞后性，这也是高校教师在这方面不敏感的原因。

相较于社会民营智库，高校智库在专一性方面存在较大的偏离。民营智库往往专注于某一领域的研究，而高校智库则开展综合性多任务工作，这是高校智库的相对优势。同时，相较于以上所述智库，高校智库还有一大优势，即离学术、理论和人才较近。高校不仅汇聚了丰富的人才资源，还是人才培养的场所，这是高校智库最大的优势所在。

利用高校智库的上述优势，可以有效地推动其实现高质量发展。

首先，将学者的发展与国家需求相结合。对于人文社会科学学者来说，从事的研究是否聚焦国家所需的重大议题直接影响其学术影响力和个人学术发展。很多学者接受了系统的方法培训，但他们选择的研究课题可能比较细碎、微小，并没有那么重要。这就导致虽然他们的研究可能很精妙，但影响力并不是很大。因此，对于一位普通教师来说，要在高校真正取得学术发展，就需要与国家需求有机结合起来。一旦与国家需求结合起来，从事智库工作就会更加有意义，也能更好地发挥个人作用。

其次，将学术研究与真正的实践转化相结合。这两者有不同的逻辑和规律，它们在选择研究课题、进行写作以及扩大影响力等方面具有独特的规律。因此，需要针对这些方面的技巧和方法进行相应的培训，以确保能够更好地掌握和运用。高校教师在从事学术研究的过程中，要积极考虑如何扩大影响力，并从事咨询服务等工作。这既需要个人具备相关意识，也需要相关组织机构提供必要的培训和指导。

最后，将学科建设与智库建设相结合。对于高校来说，学科建设是非常重要的，它决定了自身在整个高等教育体系中的影响力和资源分配，影响教师的发展和学生的培养。同时，智库建设也是高校获取资源和扩大影响力的重要渠道，因此，需要找到一种有效的方式，将学科建设与智库建设这两个方面有机地结合起来，以实现共同发展。

以华南理工大学国家治理研究中心为例。该智库成立于2017年，主要依托华南理工大学公共管理学院，依托的学科是公共管理。该智库获得了广东省社会科学界联合会的批准，成为广东省社会科学研究基地。虽然其管理能力有限，投入资源也相对较少，但始终坚持以学术研究为基础，积极承接重大课题，产出高质量学术成果，并为政府提供资政服务。华南理工大学国家治理研究中心基本能够顺利通过学校每年的考核（考核一般包括会议、项目和标志性成果的要求）。其连续三年在广东省社会科学界联合会的评估中荣获优秀等级。同时，该智库充分利用地域优势，深入研究粤港澳大湾区的行政改革、基层治理和公共政策，特别关注城乡公共治理领域的公共政策。学者团队长期以来注重深入前沿开展实地调查，掌握一手经验资料。无论是在政府层面还是社会层面，该智库都在自身聚焦领域实现了突破。该智库承接了教育部哲学社会科学关于基层治理的相关课题，并定期在学术期刊上发表研究成果，撰写调研报告，形成了一定的特色和影响力。华南理工大学国家治理研究中心的建设经验表明，只有扎根于实践、深入田野，运用学科理论进行理论创新和政策转化，才能产出具有经验质感的理论研究，为学科建设和国家治理提供有力支持。

中国特色新型高校智库实体化建设探索[①]

智库是思想库、智囊团，因其对应的英文为 think tank，也被称为"思想坦克"。一个国家的智库水平不仅是衡量其治理现代化水平的重要标尺，也是其软实力的重要象征。党的十八大以来，以习近平同志为核心的党中央高度重视中国特色新型智库建设，要求打造一批具有重要决策影响力、社会影响力、国际影响力的新型智库。十年来，中国智库建设取得了巨大进展，逐渐形成各个层级、不同领域、多种形式智库竞相发展、协同共进的智库体系。其中，中国特色新型高校智库无疑是这股智库发展洪流中数量最多、研究队伍最庞大的组成部分。

一、新时代中国特色新型高校智库的使命及其作为

中国特色新型高校智库肩负着重要的使命。一是为党和政府依法决策、科学决策、民主决策提供智力支持，推进国家治理体系和治理能力现代化，提升国家治理效能。二是促进高校研究工作更加聚焦重大问题、服务国家战略，把论文写在祖国大地上，促进科研成果转化应用，促进应用型人

---

① 文章来源：这篇文章是 2023 年 12 月 1 日作者在广州举行的中国智库建设的时代责任与使命担当——第九届新型智库建设学术研讨会上的发言。

作者简介：杜志章，华中科技大学华中智库副院长、国家治理研究院副院长。

才培养，增强高校的社会服务能力，提升高校的决策影响力和社会影响力。三是发挥国际传播、文化传承、启迪民智的功能。因此，中国特色新型高校智库的发展无论对于国家和社会，还是对于高校自身，都具有重要的意义。

中国特色新型高校智库在智库数量、研究人员、研究成果等方面都占很大比重。《推动智库建设健康发展研究》中的相关数据显示：CTTI（中国智库索引）共收录智库986家，而高校智库680家，占比69%；收录15730名专家学者，其中13232名来自高校智库，占比84%；截至2020年11月底，高校智库单篇内参采纳共计11474篇，占单篇内参总数的86%[①]。

由上述数据可知，中国特色新型智库中主要是高校智库。然而，由于高校智库实体化水平较低，因而专业化不够。我们常说"专业人做专业事"，资政服务工作有很强的专业性，然而很多高校没有专门的智库建设和管理机构，许多智库是在原有的研究机构基础上强化了智库功能，没有专门的智库管理人员和研究人员，没有专门的经费支持，没有专门的办公场所和办公设施，没有专门的智库课题、智库人员、智库成果管理办法等。智库工作被定义为科研工作的附带活动，智库成果沦为科研成果的附属品。可见，当前中国高校智库普遍存在有库无智、科研能力较强但资政服务能力较弱、智库成果是科研成果的附属品等问题。因此，加强中国特色新型高校智库实体化、专业化建设，是充分发挥高校社会服务功能的重要举措，也是提升中国特色新型智库整体水平的内在要求。

---

① 李刚，等. 推动智库建设健康发展研究[M]. 北京：经济科学出版社，2022：279-282.

二、中国特色新型高校智库实体化建设的途径

高校智库实体化建设有平台式实体化、融入院系式实体化、校内独立建制实体化、校外独立法人实体化等模式。

（一）平台式实体化

建立校级层面跨院系的公共智库平台，不仅作为整合全校智库资源、开展多学科交叉研究和协同攻关的专业化智库平台，还兼具学校智库建设和管理职能，如华中智库、复旦智库、清华智库（清华大学公共管理学院智库研究中心）等。平台式实体化智库的具体做法及特点如下。第一，成立具有独立建制的学校二级机构，部分学校将其挂靠在科研处或人文社会科学处等科研管理部门，设有专职管理干部、办公室职员和研究人员，配备办公场所、办公设备和办公经费。第二，研究人员实行专兼结合、校内外结合、长短聘结合机制。其中，专职研究人员是平台式实体化智库的基础力量。有的学校专职智库研究人员数量庞大。据调查，清华大学有100多个智库专职研究人员编制，只不过这些专职研究人员的学科归属于不同的院系及学科。专职研究人员还包括短期聘任的特聘研究员，通过"旋转门"机制聘任退居二线或正式退休的政府官员或已退休的知名学者为特聘研究员。兼职研究人员往往以签署委托课题协议的方式把校内外相关人员整合进来，聘期以委托课题研究期限为依据。第三，设专项研究经费。围绕与党和国家决策、经济社会发展、国际国内形势等相关的重要的、紧迫的、具有前瞻性的问题，向校内外发布研究课题，不断增强智库的学术影响力、决策影响力和社会影响力。第四，作为学校层面的智库建设和管理部门，还包括如下职能：一是出台智库建设和管理办法，包括资政服务课题管

理办法、资政服务成果管理办法、智库专职研究人员管理办法等；二是协调全校科研机构的智库职能，构建校内智库体系；三是构建智库成果报送渠道，包括研究任务的认领、发布，成果收集、整理、报送，成果使用情况反馈等。

（二）融入院系式实体化

在现有院系框架内成立院级智库，通常有以下两种情况：一是将整个学院的力量整合成一个智库，成立相关研究院（或研究中心），即"学院"与"研究院"实为一个机构两块牌子。例如天津师范大学政治与行政学院和国家治理研究院。二是在学院下面设立新的智库类研究中心，与原有侧重于学术研究的机构区别开来，重在开展应用型研究。上述两种情况都要求学院拿出一定数量的人员，编制专门负责智库工作的队伍，并构建院内智库工作体系，在智库研究人员管理、课题申报或发布、成果报送、成果认定及奖励等方面与学校智库体制相衔接。

（三）校内独立建制实体化

为了突出学校的特色和优势，以学校二级单位的形式成立校级专业化智库，如华中科技大学国家治理研究院、华中科技大学科技战略研究中心等。该类智库有如下特点：一是作为学校二级单位存在，学校给予人力、财力、物力支持并提供办公场所；二是岗位设置以研究岗为主，不同于院系的教学岗或教学科研并重岗，而且是人才特区，针对智库类人才有专门的招聘、考核和管理办法；三是注重学科交叉融合，组织校内相关研究机构、研究人员围绕重大战略性问题开展协同研究。

（四）校外独立法人实体化

校外独立法人实体化即以学校名义成立，却是独立法人，如中国人民大学重阳金融研究院。此类智库具有高度的自主性，这主要表现在以下几个方面：一是资金自主，其资金来源多为企业或基金会捐赠，智库能自行支配而不受学校财务制度约束；二是用人自主，通常按企业或其他社会实体聘用和管理人才，而不受学校用人制度约束；三是研究活动自主，学术研究、学术交流、成果发布等都不受学校相关规定约束，而是受国家法律约束。此类智库在具有高度自主性的同时，还能享受学校给予的一切资源，包括以学校名义申报课题、利用学校资源开展活动。当然，只要是以学校名义开展的活动就要服从学校的相关规定。

三、中国特色新型高校智库实体化建设的基本要求

高校智库实体化的意义在于，有专人、有专门的机构、有专门的办公场所、有专项资金支持、有专门的考核标准、有专门的智库建设和管理机构等实体性架构，从而可以实实在在地开展智库工作。具体说来，高校智库实体化有如下几项基本要求。

（一）学校党委和行政部门高度重视

学校要把智库工作作为贯彻习近平新时代中国特色社会主义思想的重要行动，作为担当高校社会服务职能的重要举措，作为提升学校综合实力和社会影响力的重要抓手。要成立以分管校领导为负责人，包括人文社会科学处、人事处、财务处、后勤处等部门在内的学校智库工作领导小组。领导小组办公室设在人文社会科学处。

（二）成立学校智库建设和管理办公室

成立学校智库建设和管理办公室（挂靠科研处或人文社会科学处），由一位副处长兼任办公室主任，配备办公室专职工作人员。智库建设和管理办公室主要职责如下：一是制定学校智库建设和管理相关文件，包括智库专职研究人员的聘任和管理办法、智库类课题及经费管理办法、智库成果评价及奖励办法等；二是围绕重大理论和实践问题协同校内外资源开展研究，组织研讨，进行成果打磨和报送；三是智库专职研究人员的聘任和管理等。

（三）提供人、财、物保障

从学校层面讲，要设立智库岗专职研究人员岗位。智库研究人员由学校智库建设管理办公室组织招聘和归口管理，由各具体智库使用；划拨智库建设和发展专项资金，用于智库课题招标、智库类研讨会、智库成果奖励等。从院系层面（或校内实体化智库）讲，研究人员实行专兼结合，但要设立专门负责智库管理的工作岗位，负责组织协调院内智库工作并对接学校层面各项智库工作。

使命与路径：高校新型智库建设的探索与思考[①]

华中科技大学国家治理研究院凭借十年的不懈努力与丰硕成果，赢得了学界的广泛赞誉。其倡导成立的高校国家治理智库联盟，不仅汇聚了高校智慧，更为国家治理体系和治理能力现代化提供了坚实的支撑。

从国家层面来看，高校智库作为国家软实力的重要组成部分，承载着服务国家战略、推动社会进步等重要使命。国家对高校智库寄予厚望，期望其在决策咨询、政策研究等方面发挥更加重要的作用。教育部也对高校智库建设做出了明确定位，强调其应成为国家治理体系和治理能力现代化的重要推动力量。在这一背景下，高校新型智库建设显得尤为重要。

谈及高校智库建设的使命，从国家层面看，党和国家对高校提出了要求，教育部对高校建设做出了基本定位。目前面临的问题是，如何更加有效地、有针对性地开展工作。山东大学国家治理研究院是山东大学与国务院参事室于2019年合作建立，旨在结合双方的特长，根植山东、胸怀天下，将研究院建设成为出思想、出智慧的国内一流、世界知名的高端智库平台。山东大学国家治理研究院的任务是整合山东大学的研究力量，并探索作为

---

① 文章来源：该文是华中科技大学国家治理研究院成立十周年暨"中国自主知识体系构建与新时代智库使命"高端论坛上的发言摘录。

作者简介：王佃利，山东大学国家治理研究院副院长、政治学与公共管理学院教授。

学校直属机构的智库平台模式及运行方式。其首要工作是加强制度建设，制定发展规划和队伍建设计划，现已制定发展纲要、成立专家委员会、明确课题管理办法等。其中，在队伍建设上，其采用聘请兼职研究员的方式，组建研究员队伍，并基于建设智库大平台的目标要求，积极整合校内智库资源、需求关注、组织机制，进行品牌建设。在研究过程中，山东大学国家治理研究院积极与政府部门、国务院参事室及山东省各级政府紧密合作。在理论研究方面，除关注基础理论外，山东大学国家治理研究院还组织重大专项课题，打造高端品牌论坛。如山东大学国家治理研究院打造的稷下国家治理高端论坛每年聚焦国家预算治理、社会治理、健康治理等议题，进行深入研究。山东大学国家治理研究院关注社会热点，如"淄博烧烤"现象、乡村振兴、基层治理等，针对社会热点展开研究，并产出系列成果。在人才培养方面，山东大学国家治理研究院与经济学院、政治学与公共管理学院共建博士、硕士研究生培养体系，探索交叉学科的发展路径。

高效激活智库建设机制，加强学校与智库平台的协同，其核心在于构建跨学科合作团队。山东大学国家治理研究院以山东大学原校长樊丽明为院长，联合政治学与公共管理学院、经济学院、法学院、公共卫生学院等，形成全校联动模式，构建枢纽型智库框架，积极承担研究课题，组织多学科团队进行跨学科研究，产出丰硕成果；同时搭建交流平台，组织各地研究机构召开政府需求对接座谈会，明确研究方向；注重智库成果转化机制，思考如何应用研究成果，思考如何走出校园、与政府建立友好关系，了解政府需求与表达方式，并转变高校学者定位，以更好地扎根社会、服务社会。

高校智库如何打造金字招牌[①]

本文以美国高校智库建设的学习考察经验为例,探讨高校智库如何打造金字招牌。

首先,我们需要重视智库的核心要素——产品。智库能否成功往往取决于其产品的质量与影响力。质量、独立性和影响力是智库建设的三大支柱,其中质量尤为关键。在智库报告的生成过程中,资金来源和利益冲突等相关要求的明确标注可以确保研究的透明度。学术成果的质量一般通过同行评审得以保障。然而,智库成果的评估机制很难完全借鉴公开发表的学术成果,其传播范围与方式亦需审慎考量。在某些情况下,智库并不希望其掌握的研究材料和待成熟的观点被广泛传播,这在一定程度上限制了外部评审的可能性。因此,如何在确保研究质量的同时,合理控制信息的传播范围,成为智库建设中的重要议题。以某次评审活动为例,评审专家在审查报告过程中感受到了巨大的压力。原因在于,一般情况下报告执笔人会预设瑕疵以测试评审人员的敏锐度。但是,几位知名专家在仔细审查后竟未发现应该有的预设瑕疵。这一事件引发了对于智库评审机制的深入思考:若真有预设瑕疵而未被发现,一旦传出,

---

① 文章来源:该文是华中科技大学国家治理研究院成立十周年暨"中国自主知识体系构建与新时代智库使命"高端论坛上的发言摘录。

作者简介:杨君,暨南大学共同富裕与国家治理研究院院长。

将严重损害智库的声誉。因此，如何确保智库产品评审过程的严谨性与科学性，仍是需要探索的领域。

其次，数据在智库研究中具有举足轻重的地位。在智库研究中，数据是极为重要的一环。虽然学术研究可以通过二手数据和同行文献来帮助提高产品质量，但是高质量智库更需要一手材料和数据为基础，这样质量才更有保证。此外，学术成果的核心是产生思想，智库则需要首先提供事实（情报）和行动方案。湖北的研究中心在中国的重要地位与其所掌握的历史重要档案有着紧密的联系，这充分凸显了数据在智库研究中的核心地位与关键作用。此外，在数据分析工具方面，我们仍需要向国外同行借鉴学习。他们拥有众多先进的数据分析工具来提升产品质量，而我们在这方面的关注与投入尚显不足。

再次，人才是智库建设的关键因素。在美国，"旋转门"机制为高端智库提供了源源不断的人才支持。在中国高校智库中，这一机制尚未成熟，虽然也有部分高端人才在从政后回归高校的情况，但这种情况并不普遍。更多的人才选择进入人大或政协，这使得"旋转门"式的流动并不稳定。尽管如此，高校内部人才流动仍呈现一定的积极趋势，如基础研究者转向或者兼顾应用研究，部分可能再转回基础研究。这些基础研究者凭借自身在学术界的影响力，努力将学术成果转化为兼具基础与应用价值的新成果。这也意味着，智库人才的培养和激励机制也需要进一步完善，以确保相关人才的价值得到充分发挥。

最后，关于成果传播的问题。传统的学术作品在智库成果中仍占有一席之地，但是，专注于学术论文和其他同行评议的成果占比正在减少，短小精悍且能满足多样化需求的产品则日益增多。新媒体在提高智库产品传播效率和扩大影响力方面发挥着重要的作用。然而，也应注意到学者在对外发表观点时是否经过授权和内部评审的问题。之前出现过某智库成员因未经授权接受采访,并以智库研究人员身份发表个人观点而被解雇的事件,这提醒我们在成果传播过程中需要防止利益冲突,确保智库声誉。

综上所述,智库建设不仅是高校回应新时代使命的体现,更是推动知识生产、传播、评价以及高校院系架构深层次改革的重要力量。在明确战略定位后,高校智库须从产品质量、数据支撑、人员管理和成果传播等方面入手,精心打造自身品牌,以期在未来的发展中塑造独特的"百年老店"。

地方智库建设

新时代县域治理智库的使命与担当[①]

湖北大学湖北县域治理研究院作为华中科技大学国家治理研究院的协同单位，自创立以来，一直以"聚焦县域问题、探寻基层治理良策"为己任，致力于县域治理现代化的深入研究与实践探索。时值国家治理研究院成立十周年，回顾过去，展望未来，我们深感责任重大、使命光荣。本文以湖北大学湖北县域治理研究院在县域治理领域的探索历程为脉络，梳理已有成果，展望未来的担当与作为。

在新时代背景下，我国国家治理面临新议题，有四个重要方面值得人们关注。第一，县域治理的现代化研究亟待加强。党的二十大报告将国家治理体系和治理能力现代化深入推进作为全面建设社会主义现代化国家的重要目标任务，县域治理是其中承上启下的关键环节，具有"顶天立地"的重要战略地位。县域治理现代化关键在于治理理念、治理结构、治理制度、治理工具的系统性优化，探索与县域治理情境和治理目标相适应的主体结构与体制设置、治理过程与运行机制、治理工具与技术创新，其研究具有重要性和紧迫性。第二，县域经济的高质量发展也是研究的重要内容，2024年国务院政府工作报告强调要把坚持高质量发展作为新时代的硬道

[①] 文章来源：该文是华中科技大学国家治理研究院成立十周年暨"中国自主知识体系构建与新时代智库使命"高端论坛上的发言摘录。

作者简介：李荣娟，湖北大学湖北县域治理研究院院长、公共管理学院教授。

理。县域经济是国民经济的基本单元和连接城市经济与农村经济的重要纽带，也是经济高质量发展的潜力之源。优势特色产业培育、多种产业深度融合、市场融入、区域协调发展以及强县富民等，都是激活县域新质生产力的关键所在。第三，城乡融合发展的新格局成为研究的新焦点。这一领域涉及多个重要议题，如城乡要素双向流动、农业转移人口市民化、土地与户籍制度改革、区域空间布局优化以及主体功能区建设等。这些议题在2024年的中央一号文件和国务院政府工作报告中均有提及，表明了其在当前和未来一段时间内的重要性和战略地位。第四，提升县域公共服务水平也是研究的重要方向之一。特别是在县城地区，公共服务水平的提升对于推进以县城为重要载体的新型城镇化进程具有重要意义。教育、医疗和文化等公共服务是县城推动城镇化的核心所在，也是居民生活质量提升的关键。

自成立以来，湖北大学湖北县域治理研究院与湖北省人民政府研究室等机构建立了紧密的合作关系，共同开展了一系列富有成效的研究工作。湖北大学湖北县域治理研究院完成了多项研究报告、咨询建议和研究项目，并获得了多项省级优秀调研成果奖和湖北发展研究奖。这些成果的取得，不仅彰显了湖北大学湖北县域治理研究院在县域治理领域的专业实力，也为地方政府的决策提供了有力的智力支持。近年来，湖北大学湖北县域治理研究院围绕湖北县域治理的热点问题，开展了多项具有开创性的研究工作。例如，连续十年深入开展湖北县域文明指数的测评工作，为湖北省众多城市获批全国文明城市提供了有力支持；与湖北省文化和旅游厅合作，开展县域公共文化服务绩效评价，为财政投入提供了科学依据；与中共湖北省纪律检查委员会、湖北省监察委员会合作，开展县域政治生态评价，为优化县域政治生态提供了重要参考。湖北大学湖北县域治理研究院还研究完成了国内首部《中国县域治理史》（古代、近代、现代卷），填补了相关研究领域的空白。

面对新时代县域治理的新使命和新要求，湖北大学湖北县域治理研究院将持续深化研究、拓展实践、创新机制，为推动县域治理体系和治理能力现代化贡献智慧和力量；将致力于构建更加完善的县域治理理论体系和实践模式，为地方政府提供更加精准、有效的决策支持；将积极与其他智库机构开展交流合作，共同推动县域治理研究的深入发展。

智库的发展当前依然面临多重困惑——面对日益复杂的社会实践和日益"聪明"的实际治理人才，智库的"高明"体现在何处？智库究竟应如何为地方治理提供有效支持？这引发了智库工作者的深刻思考。提升面向决策的知识生产力，需要多方合作与共同努力。就县域治理研究而言，我们提出了强化"五个研究"、建立"五库"的设想。其中，"五库"具体包括以下几种。第一，历史研究与资料库。"县"是中国历史上出现最早、存在时间最长、行政地位最稳定的地方政府单位，有两千多年的治理历史。"县"的历史既是价值认同，又是文化传承；既是地方特色，又是治理资源。深入研究其文化传承与治理经验，对于践行"两个结合"、推动新时代治理创新具有重要意义。第二，样本研究与档案库。一个完善的样本库如同县域的体检报告，详细记录每个县域的治理资源、治理特色、治理问题、治理得失，争取一县一档，多建立一些档案库，以便为地方治理提供更精准的服务。第三，比较研究与数据库。地方发展很大程度上是在比较中找到定位的，在各项治理工作中要明确"标兵"是谁、"追兵"是谁，不仅要"知己"，还要"知彼"。对地方治理者来说，细分治理领域，建立动态数据库，了解不同县域的发展状况与策略，这个需求是很大的。然而，由于原始数据的缺乏与调研数据的不公开、不共享，当前的数据库建设还存在很多制约因素。突破这一难题需要付出更多努力。第四，反思研究与案例库。当前的研究中总结经验的颇多，但对一些已经发生问题的反思和改革的风险评估却不足。为何一些原本兴旺的"明星村"会变成负债村？为何一项各方都看好的改革最终没能开花结果？对这些问题的反思和相应案例库的建设对于改进地方治理至关重要。第五，共享研究与人才库。智库需要与地方政府、地方研究机构等合作伙伴共同构建研究平台。通过资源共享与人才互通，智库人才与治理人才合作，可以实现优势互补和协同创新，产出更多有价值的研究成果。

综上所述，智库在面临困惑与挑战的同时，也拥有巨大的发展潜力与价值。通过深化研究与合作，可以为地方治理与发展贡献更多的智慧与力量。

加强地方智库国际交流的有效途径①

以习近平同志为核心的党中央提出了建设中国特色新型智库的国家战略，并将其作为国家软实力的重要组成部分，作为推进国家治理体系和治理能力现代化的重要措施。《关于加强中国特色新型智库建设的意见》《中国特色新型高校智库建设推进计划》等文件的出台加快了中国特色新型智库建设的步伐。近年来，中国智库建设实现了快速发展，以至于出现了"智库热"的现象。然而，虽然中国智库在数量上激增，但智库质量、智库作用及智库影响力提升不够，相较于美国等西方国家的智库而言仍有较大差距。本文主要从加强地方智库国际交流的必要性、当前地方智库国际交流的困境以及加强地方智库国际交流的建议三个方面，探讨加强中国地方智库国际交流的相关问题。

一、加强地方智库国际交流的必要性

在全球化时代，中国除了以国家的整体身份或国家相关部委以国家名义参与国际贸易、国际交往、国际事务和全球治理以外，地方也是参与全球化的主力军。对地方而言，其开放（参与国际交流）的顺序和程度决定

---

① 文章来源：《中国社会科学报》，2020年1月9日。
　　作者简介：杜志章，华中科技大学华中智库副院长、国家治理研究院副院长。

了发展的水平。例如，在改革开放初期，以深圳、珠海、汕头、厦门等经济特区为标志的沿海城市率先发展起来，而中西部地区受交通和地域条件的限制，开放速度较慢、开放程度较低，因此经济发展相对滞后。随着航空、高铁等交通工具的普及，地域条件已不再是限制地方开放和发展的主要因素，关键在于决策。地方开放和发展的决策除了受决策者自身的观念、素质和能力影响外，还受到地方智库所发挥作用的影响。地方智库作为地方进行国际交流的纽带，通过"引智""引资"等渠道促进地方参与国际交流与合作，增加国际贸易和投资，从而促进地方经济社会发展；地方智库还通过加强国际交流与合作，不断学习借鉴国外优秀智库建设的模式、经验及其先进的手段和方法，培养或引进国际化高水平智库人才，提升地方智库自身的能力、水平和国际影响力。

智库活动在公共外交领域能够产生重要的影响，甚至能够影响国家的对外政策。地方智库可以通过搭建对外交流平台，有效传播地域文化，推动地方的国际合作与对外开放，提升地方文化乃至中华文化的影响力。建设地方高端智库也需借鉴国际经验，如西方智库中普遍存在的人才"旋转门"机制既可以帮助地方智库输送研究人员到政府机构任职，也可以引进在政府机构工作的优秀人才，形成智库和政府在人才方面的交流互动，提升地方智库的决策服务能力。国外智库普遍重视智库品牌的塑造，重视媒体的传播与使用。因此，地方智库要汲取国外智库的先进经验，积极探索媒体传播渠道，通过多种类型的媒体模式推送智库成果，提升地方智库品牌的知名度和影响力。

二、当前地方智库国际交流的困境

中国绝大多数地方智库国际化水平较低，主要表现在以下几个方面。

一是地方智库的主要职能是服务于地方政府的决策,对国际交流需求不足。地方党校的主要职能是对党的理论或政策进行解读和宣传,地方社会科学院多注重地方经济社会发展,地方高校多倾向于基础理论研究。相对而言,高校的国际交往程度略高一些,但也多局限于学术层面。二是地方智库缺乏国际交流的窗口。多数地方智库没有外文网页,即使有部分地方智库设计了英文网页,也只是进行机构介绍,研究成果及各项活动极少在外文网站上更新,处于一种相对封闭的状态。三是地方智库极少开展国际交流与合作,疏于开展国际比较研究,较少学习和借鉴国外优秀智库的经验。多数地方智库把精力集中于为地方经济社会发展出谋划策,与地方决策部门互动较多,相对而言缺少国际视野,缺乏国际交流与合作。四是地方智库缺少高水平国际化智库人才,除了少数以国际关系为研究任务的智库有少量外籍专家之外,大多数地方智库没有外籍专家。五是地方智库较少参与国际对话,国际知名度和国际影响力较低。在诸多涉及中国的国际问题上,很少有地方智库在国际舞台上发声、参与国际讨论、讲好中国故事、传播好中国声音,更缺乏创造国际话语概念或设置国际讨论议题的能力。

三、加强地方智库国际交流的建议

地方智库要改变目光向内、向上的倾向,具有国际视野和世界眼光;加强与国外智库的交流与合作,加强国际比较研究,举办国际学术会议或论坛,建设外文网站或出版外文著作,培养和引进高水平国际化人才。具体建议如下:一是加强国际智库交流,建立与国外智库尤其是西方发达国家智库间的交流与合作机制,定期互访,围绕多方共同关心的议题开展研究和讨论,加强地方智库在海外的宣传力度,提升地方智库的国际知名度和国际影响力;二是加强国际比较研究,利用与国外建立的"友好城市"

或"友好省份"关系，或选择在环境、经济社会发展水平相似的国外某地进行研究，为地方经济社会发展提供国际经验；三是举办国际学术会议，设置国际议题，广交国际朋友，掌握国际话语权，扩大国际影响，提升国际实力；四是建立并及时更新外文网站，出版外文著作，在国际刊物或网站上发表文章；五是培养和引进高水平国际化人才，选派研究人员到国外相关智库进行访学或开展学术交流，与国外著名大学互派交换生，引进知华、友华的外国专家。

第三部分　十年大事记

一个国家的智库水平不仅是衡量其治理现代化水平的重要标尺，也是其软实力的重要象征。党的十八大以来，以习近平同志为核心的党中央高度重视中国特色新型智库建设。2013年4月，习近平总书记对建设中国特色智库作出重要批示。2014年2月，教育部印发了《中国特色新型高校智库建设推进计划》；2015年1月，中共中央办公厅、国务院办公厅印发了《关于加强中国特色新型智库建设的意见》；2022年4月，中共中央办公厅印发《国家"十四五"时期哲学社会科学发展规划》，提出着力打造一批具有重要决策影响力、社会影响力、国际影响力的新型智库。十年来，在国家高端智库的引领下，我国逐渐形成数以千计的包括党政军智库、社科院智库、党校和行政学院智库、高校智库、社会(企业)智库在内的中国特色新型智库体系，为党和政府科学决策、民主决策、依法决策提供了强有力的智力支持，为推进国家治理体系和治理能力现代化作出了卓越贡献。

中国特色新型智库建设十年大事记
（2013—2023）

2012年11月，党的十八大报告明确指出，坚持科学决策、民主决策、依法决策，健全决策机制和程序，发挥思想库作用，建立健全决策问责和纠错制度。

2013年

2013年4月15日，习近平对建设中国特色新型智库作出重要批示，在党的历史上首次提出"中国特色新型智库"重要概念。

2013年11月12日，党的十八届三中全会通过的《中共中央关于全面深化改革若干重大问题的决定》提出，"加强中国特色新型智库建设，建立健全决策咨询制度"。这是中共中央文件中第一次提出"智库"概念，且把智库建设视为发展协商民主的重要内容。与此同时，中央全面深化改革领导小组也着手推动"新型智库"的顶层设计与发展规划。

2014 年

2014年1月22日,上海社会科学院智库研究中心发布我国第一份《中国智库报告——影响力排名与政策建议》。

2014年2月27日,教育部印发《中国特色新型高校智库建设推进计划》。

2014年3月20日,习近平总书记在访问德国时把智库建设提上了国家外交层面,"智库外交"成为我国国际交流与合作的"第二轨道"。

2014年9月21日,习近平总书记在庆祝中国人民政治协商会议成立65周年大会上将民主协商五种渠道细化为十种,"各类智库"位列其中,再次明确赋予新型智库作为协商民主重要渠道的地位。

2014年10月,中央全面深化改革领导小组审议通过《关于加强中国特色新型智库建设的意见》并于2015年1月由中共中央办公厅、国务院办公厅联合发布。这是我国首次系统提出中国特色新型智库体系的建设方案,为地方推动智库建设树立了标杆、提供了方向,北京市、江苏省、湖南省、河北省等结合国家政策引领和自身区域发展特点,相继出台推动智库建设的实施方案,积极推动智库建设和发展,尤其以省级重点建设、省级培育智库为代表,其数量不断增长,并在2017年达到顶峰,充分体现了地方政府对智库推动地方发展、提升政府决策科学化等功能的重视。

2014年11月6日,由清华大学中国与世界经济研究中心和重建布雷顿森林体系委员会共同主办的首届"金砖国家经济智库论坛"在北京举行;金砖国家经济智库在论坛上正式成立。

2015 年

2015 年 1 月 12 日，上海社会科学院智库研究中心发布《2014 年中国智库报告》，公布中国智库影响力排名。

2015 年 1 月 15 日，零点国际发展研究院与中国网联合发布《2014 中国智库影响力报告》。

2015 年 4 月 8 日，中共中央对外联络部牵头，联合国务院发展研究中心、中国社会科学院、复旦大学等单位共同成立了"一带一路"国际智库合作联盟。

2015 年 5 月 5 日，光明日报智库研究与发布中心成立。

2015 年 5 月 26 日，中国社会科学院整合打造的 11 个专业化新型智库在北京揭牌。

2015 年 6 月 26—27 日，由中国国际经济交流中心主办的第四届全球智库峰会在北京举行。

2015 年 10 月 28—29 日，"丝路国际智库网络"（SiLKS）启动。

2015 年 11 月 9 日，中央全面深化改革领导小组公布《国家高端智库建设试点工作方案》，从指导思想，试点工作的基本要求，入选的具体条件，首批试点的认定、类型和结构，运行管理等五方面对新型高端智库试点工作予以规范。中央有关部门相应的配套文件，如《国家高端智库管理办法（试行）》《国家高端智库专项经费管理办法（试行）》，以及负责议事与评估工作的国家高端智库理事会等机构也迅速出台和组建。

2015 年 11 月 10 日，由中国社会科学院中国社会科学评价中心研创的《全球智库评价报告》在北京发布。

2015 年 12 月 1 日，国家高端智库建设试点工作会议召开，标志着高端智库试点工作全面展开，中国特色新型智库建设作为国家战略全面推进。

这一年，25家智库被列为首批国家高端智库建设试点单位（2018年增至24家，2020年增至29家），贡献了一大批高水平智库成果。如在"十四五"时期经济社会发展问题前期研究中，国家高端智库等60多家研究机构和有关部门积极作为，高质量完成中央财办、国家发改委委托的37个重大课题，形成130多份研究报告，为推动"十四五"规划制定与实施发挥了重要的辅助作用。

2015年12月10—12日，"一带一路"国际智库峰会、第二届金砖国家经济智库论坛在北京举办。

2015年12月14日，二十国集团（G20）智库峰会启动会在中国人民大学召开。

2016年

2016年1月22日，国家高端智库理事会扩大会议召开。

2016年1月27日，上海社会科学院智库研究中心编写的《2015中国智库报告·影响力排名与政策建议》发布。

2016年2月23日，"一带一路"国际智库合作联盟在深圳正式启动。

2016年5月17日，在哲学社会科学工作座谈会上，习近平总书记发表重要讲话，指出"智库建设要把重点放在提高研究质量、推动内容创新上。要加强决策部门同智库的信息共享和互动交流，把党政部门政策研究同智库对策研究紧密结合起来，引导和推动智库建设健康发展、更好发挥作用"。习近平总书记关于中国特色新型智库建设的系列重要论述，在理论层面明晰了中国特色新型智库的性质、定位和任务，在实践角度明确了中国特色新型智库的战略布局和发展方向，是中国特色新型智库建设的根本遵循。

2016年7月29—30日,由中国社会科学院世界经济与政治研究所、上海国际问题研究院、中国人民大学重阳金融研究院联合主办的二十国集团智库(T20)会议在北京举行。

2016年9月28日,光明日报智库研究与发布中心学术委员会成立仪式暨2015中国智库年度发展报告、中国智库索引系统发布会在北京举行。

2016年12月17日,由光明日报社、南京大学主办的"2016中国智库治理论坛"在南京举行。中国智库索引发布首批来源智库名录。层层遴选后公布了首批489家来源智库名录。在持续一年多的动员与梳理过程中,大量符合标准、富有潜力的智库机构浮出水面。

2017年

2017年1月9日,由中国人民大学、光明日报、"一带一路"智库合作联盟主办的"中国智库国际影响力论坛2017"在中国人民大学举办。

2017年1月11日,金砖国家智库合作中方理事会成立会议在北京举行。

2017年1月18日,光明日报社在北京举办2016中国智库年度影响力"十大"评选结果发布会。

2017年2月20日,上海社会科学院智库研究中心编写的《2016年中国智库报告》(中文版)发布。

2017年2月23日,光明日报智库研究与发布中心发布《2016中国智库年度发展报告》。

2017年3月22日,由金砖国家合作中方理事会和中国人民大学联合主办、中国人民大学重阳金融研究院承办的"深化金融合作 共促金砖发展"金砖国家智库研讨会在北京举办。

2017年5月，民政部、中宣部等九部门联合出台《关于社会智库健康发展的若干意见》。分类登记、双重管理、综合监管、扶持和规范并重、坚决扶持和规范并重、引导社会智库发挥正能量……一系列明晰具体的制度安排，引导并助力社会智库这一总体上还处于起步和探索阶段的新型智库群体走向壮大。

2017年10月，习近平在中国共产党第十九次全国代表大会上的报告中强调，"深化马克思主义理论研究和建设，加快构建中国特色哲学社会科学，加强中国特色新型智库建设"。这是首次在党的全国代表大会报告中作出有关战略部署。"新时代"历史方位的重大判断为我国智库研究提供了新的选题，依此新论断、新观点和新思想，各类智库迅速开展相关学习和研讨，积极主动汇聚群智群策。

2018年

2018年9月，习近平在2018年中非合作论坛北京峰会开幕式上的主旨讲话中指出，"我们要扩大文化艺术、教育体育、智库媒体、妇女青年等各界人员交往，拉紧中非人民的情感纽带"。

2019年

2019年4月，习近平在第二届"一带一路"国际合作高峰论坛开幕式上的主旨演讲中提到，我们"将设立共建'一带一路'国际智库合作委员会、新闻合作联盟等机制，汇聚各方智慧和力量"。

2020 年

2020年2月14日,中央全面深化改革委员会第十二次会议审议通过《关于深入推进国家高端智库建设试点工作的意见》,再次对建设中国特色新型智库作出重要部署,要求高端智库须做到"精益求精、注重科学、讲求质量",切实提高服务决策的能力水平。

2021 年

2021年3月11日,第十三届全国人民代表大会第四次会议批准通过了《中华人民共和国国民经济和社会发展第十四个五年规划和2035年远景目标纲要》,再次强调"加强中国特色新型智库建设"。

2021年5月,习近平在中国科学院第二十次院士大会、中国工程院第十五次院士大会、中国科协第十次全国代表大会上的讲话中指出,"要强化两院的国家高端智库职能,发挥战略科学家作用,积极开展咨询评议,服务国家决策"。

2022 年

2022年4月27日,中共中央办公厅印发《国家"十四五"时期哲学社会科学发展规划》,提出要加强中国特色新型智库建设,着力打造一批具有重要决策影响力、社会影响力、国际影响力的新型智库,为推动科学民主依法决策、推进国家治理体系和治理能力现代化、推动经济社会高质量发展、提升国家软实力提供支撑。这为今后一段时期我国智库的高质量发展指明了前进方向。

2022年10月,党的二十大报告指出,深入实施马克思主义理论研究和建设工程,加快构建中国特色哲学社会科学学科体系、学术体系、话语体系,培育壮大哲学社会科学人才队伍。深入贯彻这一重要论述,对我们顺时应变、推动建设中国特色新型智库,意义极为重大。

2023 年

十年来,在高端智库、重点智库引领下,全国新型智库数量逐渐增多,议题设置越发广泛,研究领域覆盖中国式现代化建设的各个方面。仅以中国智库索引(CTTI)来源智库为例,截至2023年12月,CTTI来源智库数量已达988家。从地域分布来看,覆盖我国22个省、5个自治区、4个直辖市;从政策研究领域来看,覆盖40个研究领域,其中"国际关系与外交政策""对外贸易政策""科技政策"为来源智库关注最为集中的三大领域,分别有147家、110家、84家来源智库致力于相关研究。

参考文献

[1] 李国强. 创新中国智库建设 [M]. 北京：中国财政经济出版社，2020.

[2] 陈明琨，李明娇. 新型智库人才建设的理与路 [N]. 中国社会科学报，2023-03-23（2）.

[3] 李晖，陈炟. 新时代新型智库建设的根本遵循 [N]. 中国社会科学报，2023-06-01（3）.

[4] 周仲高. 新型智库建设的发展路径 [N]. 中国社会科学报，2023-03-09（2）.

[5] 傅鹤鸣. 完善新型智库研究机制 [N]. 中国社会科学报，2023-05-19（8）.

[6] 刘越. 首都新型智库建设卓有成效 [N]. 中国社会科学报, 2023-09-19（2）.

[7] 丁明春, 任恒. 强化新型智库的舆论引导功能 [N]. 中国社会科学报, 2022-06-09（2）.

[8] 王文, 李振. 中国智库古今延承之路: 历史溯源与未来启示 [J]. 智库理论与实践, 2016, 1（2）: 8-13+26.

[9] 李永杰. 高质量建设中国特色新型智库 [N]. 中国社会科学报, 2022-12-28（1）.

[10] 周仲高. 智库建设的理论框架与类型划分 [N]. 中国社会科学报, 2022-03-03（4）.

[11] 欧阳剑, 周裕浩, 张鹏. 中国智库的国际社交媒体影响力及其提升路径研究 [J]. 智库理论与实践, 2021, 6（6）: 28-38.

[12] 宋忠惠. 国家治理能力现代化视野下的智库话语体系研究 [J]. 智库理论与实践, 2021, 6（6）: 22-27, 38.

[13] 潘刚, 陈秀敏. 中国特色新型科技智库建设的思考 [J]. 智库理论与实践, 2021, 6（6）: 39-45.

[14] 孙春惠, 张聪知. 新型智库现代化的四重意蕴 [N]. 中国社会科学报, 2022-01-20（2）.

[15] 卜玉敏, 曲建升. 国内智库建设研究主题演进与智库工作发展方向 [J]. 智库理论与实践, 2021, 6（6）: 46-54.

[16] 卢文辉，毕丽萍. 日本智库信息资源建设的经验及其对我国高端智库建设的启示 [J]. 智库理论与实践，2021，6（6）：126-133，142.

[17] 周湘智. 中国特色新型智库：出场逻辑、运作机理与基本范式 [J]. 图书情报工作，2021，65（15）：51-60.

[18] 李凌. 中国古代的智囊制度 [J]. 决策探索，2016（6）：81.

[19] 何巧源. 中国特色新型智库研究全景——以 2013—2021 年 CSSCI 的论文为例 [J]. 智库理论与实践，2022，7（2）：31-40.

[20] 王科，桑学成. 中国特色新型智库建设的现实困境与路径构建 [J]. 学海，2021（3）：197-204.

[21] 文宏，李玉玲. 目标引导、资源驱动与环境培育：中国特色新型智库建设的内在逻辑——基于82份政策的文本内容分析 [J]. 北京工业大学学报（社会科学版），2021，21（1）：63-74.

[22] 石伟. 国家治理与中国特色新型智库的制度保障 [J]. 行政管理改革，2021（3）：50-57.

[23] 王莉丽，戈敏，刘子赢. 智库全球治理能力：理论构建与实践分析 [J]. 中国人民大学学报，2022，36（2）：91-102.

[24] 顾海良. 中国特色新型智库建设的高校作用与责任 [J]. 中国高等教育，2015（7）：7-10.

[25] 陈潭. 从大数据到大智库：大数据时代的智库建设 [J]. 中国行政管理，2017（12）：42-45.

[26] 安淑新. 国外智库管理运行机制及对我国的启示 [J]. 当代经济管理, 2011, 33 (5): 88-92.

[27] 柏必成. 智库功能定位与智库研究课题的选择 [J]. 智库理论与实践, 2019, 4 (4): 1-9.

[28] 卜雪梅. 智库与媒体的融合与发展 [J]. 新闻战线, 2018 (18): 35-36.

[29] 陈朝宗. 智库型人才的素质结构、资本投入与培养渠道 [J]. 重庆社会科学, 2013 (6): 109-113.

[30] 陈东恒. 着力防止和克服智库研究行政化 [J]. 智库理论与实践, 2019, 4 (4): 10-14.

[31] 陈国营, 鲍建强, 钟伟军, 等. 中国大学智库评价研究: 维度与指标 [J]. 高教发展与评估, 2016, 32 (5): 18-29, 119-120.

[32] 陈俊源. 国家治理现代化视域下中国高校特色新型智库建设研究——以福建省高校特色新型智库为例 [J]. 教育评论, 2020 (11): 39-48.

[33] 陈英霞, 刘昊. 美国一流高校智库人员配置与管理模式研究——以斯坦福大学胡佛研究所为例 [J]. 比较教育研究, 2014 (2): 66-71.

[34] 陈媛媛, 李刚. 智库网站影响力评价指标体系研究 [J]. 图书馆论坛, 2016, 36 (5): 25-33+62.

[35] 陈振明, 黄元灿. 推进地方新型智库建设的思考 [J]. 中国行政管理, 2017 (11): 43-49.

[36] 陈振明.政策科学与智库建设[J].中国行政管理,2014(5):11-15.

[37] 打造创新引领的高端科技智库[N].科技日报,2015-10-01(4).

[38] 单卫国.推进智库建设提升国家和企业软实力[J].理论视野,2014(5):70-74.

[39] 丁怡,李刚.我国高校智库人力资源配置模式研究[J].智库理论与实践,2017,2(5):23-32.

[40] 董成颖,李刚.改革开放以来中国智库研究综述[J].情报探索,2017(12):1-11.

[41] 董德兵,刘靖北.坚持以党的政治建设为统领[N].中国纪检监察报,2020-03-26(5).

[42] 多丽丝·菲舍尔.智库的独立性与资金支持——以德国为例[J].开放导报,2014(4):29-32.

[43] 范志强.挖掘党校资源、创新工作机制全力打造新型红色智库的几点思考[J].智库理论与实践,2017,2(5):1-3,14.

[44] 冯雅,李刚.新型智库传播现状与优化策略研究——基于CTTI来源智库媒体影响力的实证分析[J].图书与情报,2019(3):20-28.

[45] 龚晨.以机制创新推进党校新型智库建设[J].中共山西省委党校学报,2020,43(4):110-115.

[46] 郭晶，宗一君. 我国新型高校智库成果管理策略现状分析与对策——以上海交通大学智库为例 [J]. 实证社会科学，2017，3（1）：101-112.

[47] 郭岚. 国外智库产业发展模式及其演化机制 [J]. 重庆社会科学，2013（3）：121-126.

[48] 韩佳燕，赵勇，赵筱媛. 美国高端智库的政策专家储备及其人才吸引机制研究——以兰德公司为例 [J]. 情报杂志，2019，38（4）：16-22.

[49] 韩庆祥，陈远章. 学习把握新时代中国特色社会主义的大逻辑 [J]. 理论导报，2018（6）：11-13.

[50] 韩瑞珍，邱均平. 中国高质量智库产品价值与设计理念研究 [J]. 图书馆，2019（7）：22-25，33.

[51] 侯月娟. 部校共建中的高端智库建设与人才培养创新——中国政法大学光明新闻传播学院部校共建模式探析 [J]. 西部学刊，2016（6）：71-72.

[52] 胡鞍钢. 建设中国特色新型智库：实践与总结 [J]. 上海行政学院学报，2014，15（2）：4-11.

[53] 胡兵. 新时代中共中央党校干部教育培训研究 [D]. 北京：中共中央党校（国家行政学院），2020.

[54] 胡海滨. 智库绩效考核：制度设计与执行 [J]. 智库理论与实践，2019，4（1）：1-7.

[55] 胡五生，龚文霞. 基于案例对比分析的高校智库建设研究 [J]. 新世纪图书馆，2019（5）：25-31.

[56] 黄海涛，任仕暄. 习近平新时代中国特色社会主义思想的形成和发展——以调查研究为科学依据 [J]. 江汉学术，2019，38（5）：53-61.

[57] 黄蕙. 中国特色新型智库的历史新方位和新使命——专访中国现代国际关系研究院院长袁鹏 [J]. 当代中国与世界，2021（1）：62-68.

[58] 黄蕙. 中国特色新型智库国际传播力研究——基于创办《当代中国与世界》智库学刊的实例分析 [J]. 智库理论与实践，2021，6（4）：104-110.

[59] 黄晋鸿，曲海燕. 新时代中国特色新型智库的行为评价研究——基于 2016—2019 年全国 31 家省级社会科学院的调查数据 [J]. 情报理论与实践，2021，44（7）：44-49，57.

[60] 李国强. 创新中国智库建设 [M]. 北京：中国财政经济出版社，2020.

[61] 陈明琨，李明娇. 新型智库人才建设的理与路 [N]. 中国社会科学报，2023-03-23（2）.

[62] 李晖，陈烜. 新时代新型智库建设的根本遵循 [N]. 中国社会科学报，2023-06-01（3）.

[63] 周仲高. 新型智库建设的发展路径 [N]. 中国社会科学报, 2023-03-09（2）.

[64] 傅鹤鸣. 完善新型智库研究机制 [N]. 中国社会科学报, 2023-05-19（8）.

[65] 刘越. 首都新型智库建设卓有成效 [N]. 中国社会科学报, 2023-09-19（2）.

[66] 丁明春, 任恒. 强化新型智库的舆论引导功能 [N]. 中国社会科学报, 2022-06-09（2）.

[67] 王文, 李振. 中国智库古今延承之路：历史溯源与未来启示 [J]. 智库理论与实践, 2016, 1（2）：8-13, 26.

[68] 李永杰. 高质量建设中国特色新型智库 [N]. 中国社会科学报, 2022-12-28（1）.

[69] 周仲高. 智库建设的理论框架与类型划分 [N]. 中国社会科学报, 2022-03-03（4）.

[70] 欧阳剑, 周裕浩, 张鹏. 中国智库的国际社交媒体影响力及其提升路径研究 [J]. 智库理论与实践, 2021, 6（6）：28-38.

[71] 宋忠惠. 国家治理能力现代化视野下的智库话语体系研究 [J]. 智库理论与实践, 2021, 6（6）：22-27+38.

[72] 潘刚, 陈秀敏. 中国特色新型科技智库建设的思考 [J]. 智库理论与实践, 2021, 6（6）：39-45.

[73] 孙春惠,张聪知. 新型智库现代化的四重意蕴[N]. 中国社会科学报,2022-01-20(2).

[74] 卜玉敏,曲建升. 国内智库建设研究主题演进与智库工作发展方向[J]. 智库理论与实践,2021,6(6):46-54.

后记

　　从 2013 年 4 月习近平总书记对建设中国特色新型智库作出重要批示以来已逾十年。在这十年，中国特色新型智库建设取得了非凡成就，也面临不少问题和挑战。对中国特色新型智库建设的十年历程作系统性梳理，总结经验教训，提出意见和建议，对于未来推进中国特色新型智库健康发展具有重要意义。

　　华中科技大学国家治理研究院是最早响应习近平总书记号召而建立的中国特色新型智库之一，时至 2024 年 2 月也恰好十年。为庆祝华中科技大学国家治理研究院成立十周年，特举行"中国自主知识体系建设与新时代智库使命"高端论坛，并借此机会对十年来中国特色新型智库建设历程进行回顾、总结和反思，既为华中科技大学国家治理研究院十周年庆典献礼，也为未来中国特色新型智库建设探路。

后记

本书在华中科技大学国家治理研究院院长欧阳康教授指导下，由华中科技大学国家治理研究院副院长杜志章教授负责，国家治理研究院的博士研究生程聪瑞、王媛媛、匡梦婷、李想、胡志康等参与了调查研究、文献查阅、成果撰写等工作。在此，对参与本项工作的老师和同学表示感谢！

杜志章

2024 年 3 月